キソとキホン　小学5年生

「わかる！」が
たのしい
社会

フォーラム・A

は じ め に

　近年の教育をめぐる動きは、目まぐるしいものがあります。

　2020年度実施の新学習指導要領においても、学年間の単元移動があったり、発展という名のもとに、読むだけの教材が多くなったりしています。通り一遍の学習では、なかなか社会に興味を持ったり、基礎知識の定着も図れません。

　そこで学習の補助として、基礎的な内容を反復学習によって、だれもが一人で身につけられるように編集しました。

　また、「１回の学習が短時間でできるようにすること」、「各単元をホップ・ステップ・ジャンプの３段構成にすること」で学習への興味関心が持続するようにしてあります。

【本書の単元構成】

ホップ （イメージマップ）

　単元のはじめの２ページ見開きを単元全体がとらえられる構造図にしています。重要語句・用語等をなぞり書きしたり、図に色づけをしたりしながら、単元全体がやさしく理解できるようにしています。

ステップ （ワーク）

　基礎的な内容を学習しています。視点を少し変えた問題に取り組み、ポイントを読むことで理解が深まり、使える力が身につくようにしています。

ジャンプ （要点まとめ）

　学習した内容の定着を図れるように、要点をまとめた問題を単元末につけています。弱い点があれば、もう一度ステップ（ワーク）に取り組んでみましょう。

　このプリント集が多くの子たちに活用され、自ら進んで学習するようになり社会学習に興味関心が持てるようになれることを祈ります。

も　く　じ

① イメージマップ 世界から見た日本の位置と領土・領海

🗻 次のうすく書かれた言葉をなぞりましょう。

《六大陸と三大洋》

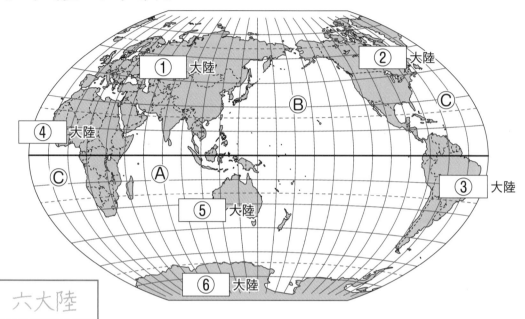

六大陸

①	ユーラシア 大陸	②	北アメリカ 大陸
③	南アメリカ 大陸	④	アフリカ 大陸
⑤	オーストラリア 大陸	⑥	南極 大陸

三大洋

Ⓐ	インド洋
Ⓑ	太平洋
Ⓒ	大西洋

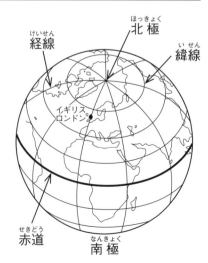

《日本とまわりにある国々》

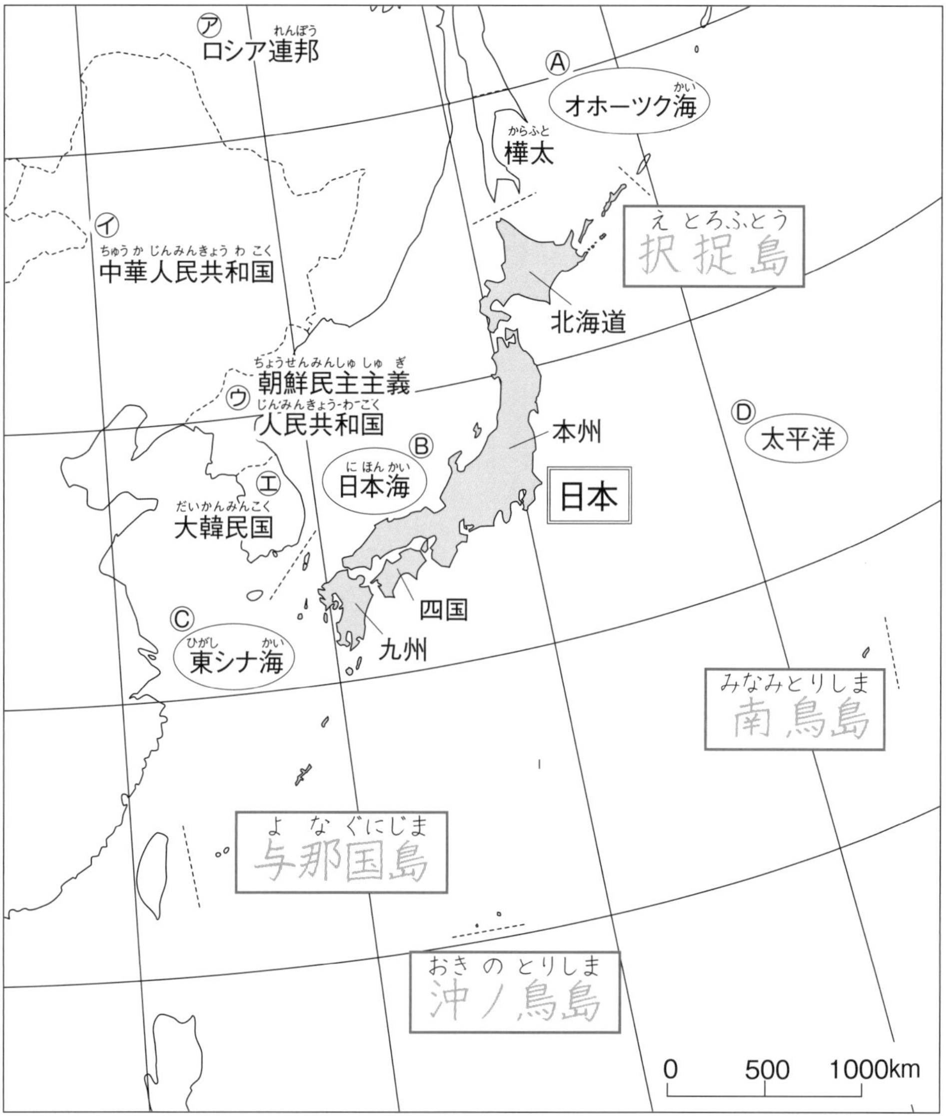

★周辺の国々

㋐	ロシア連邦
㋑	中華人民共和国
㋒	朝鮮民主主義人民共和国
㋔	大韓民国

★周辺の海

Ⓐ	オホーツク海
Ⓑ	日本海
Ⓒ	東シナ海
Ⓓ	太平洋

ステップ

世界から見た日本

🗻 次の地図を見て、六大陸と三大洋の名前を ┈┈ から選んで答え
ましょう。

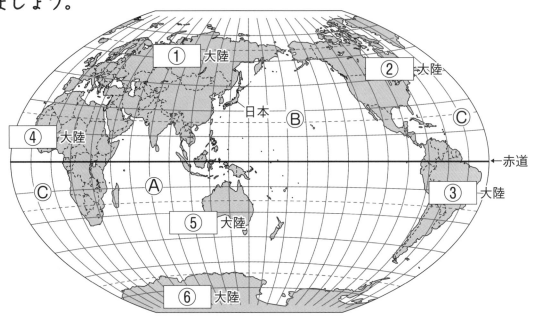

〈六大陸〉

①	大陸	②	大陸
③	大陸	④	大陸
⑤	大陸	⑥	大陸

┈┈┈┈┈┈┈┈┈┈┈┈┈┈┈┈┈┈┈┈┈┈┈┈┈┈┈┈┈┈┈
ユーラシア　　オーストラリア　　南極(なんきょく)

北アメリカ　　南アメリカ　　アフリカ
┈┈┈┈┈┈┈┈┈┈┈┈┈┈┈┈┈┈┈┈┈┈┈┈┈┈┈┈┈┈┈

〈三大洋〉

Ⓐ		Ⓑ		Ⓒ	

┈┈┈┈┈┈┈┈┈┈┈┈┈┈┈┈┈┈┈┈┈┈┈┈┈
太平洋(たいへいよう)　　インド洋　　大西洋(たいせいよう)
┈┈┈┈┈┈┈┈┈┈┈┈┈┈┈┈┈┈┈┈┈┈┈┈┈

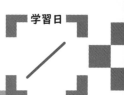

学びのディープポイント! 世界には、約190の国があって、その中のユーラシア大陸の東側にある小さな島国が日本なんだ。世界地図は、地球が球体なので、正確な大きさを表せないけど、使い道によって地図の種類を選べるようにしようね。

学習日 ／

2 次の図を見て、あとの問いに答えましょう。

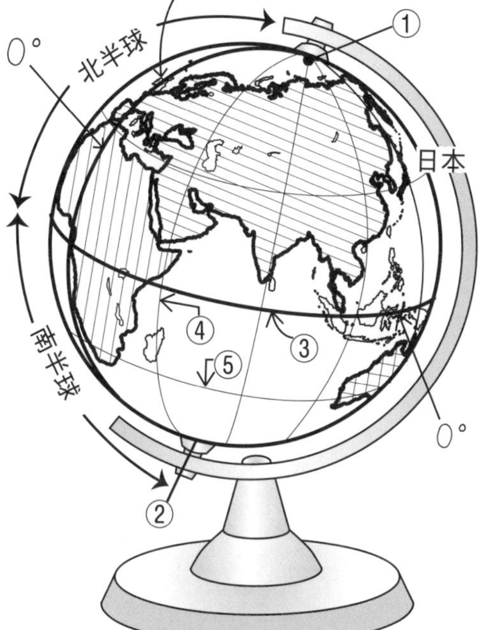

(1) 地球儀(ちきゅうぎ)の①～⑤の名前を［　］から選んで答えましょう。

①	
②	
③	
④	
⑤	

経線(けいせん)　緯線(いせん)
南極　北極　赤道

(2) 次の言葉と関係するものを線で結びましょう。

① 経度(けいど)・　　・㋐ 南極と北極から同じきょりにある地点を結んだ、緯度が0度の線。

② 緯度(いど)・　　・㋑ 赤道より北の緯度にあるところ。

③ 赤道・　　・㋒ ロンドンにある天文台を通る線を0度として、東西を180度ずつに分けた数字で位置を表す。

④ 北半球・　　・㋓ 赤道を0度として、南北を90度ずつに分けた数字で位置を表す。

日本の位置と領土・領海

🗻 次の地図を見て、あとの問いに答えましょう。

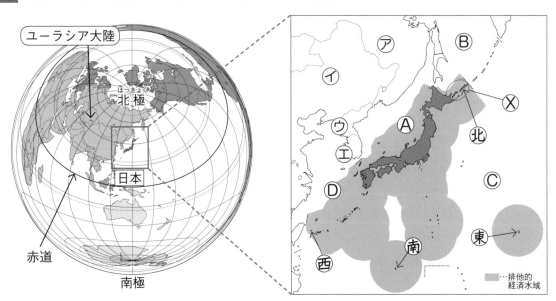

(1) 次の( )にあてはまる言葉を ┆┄┄┆ から選んで答えましょう。

日本は、（①　　　　）半球にあって、（②　　　　　　　　）大陸の東側にあります。北東から（③　　　　　　　）にかけて約3300kmにつながる細長い島国です。

一番大きい（④　　　　　　　）と、北海道、（⑤　　　　　　　）、四国の4つの大きな島と、7000ほどの小さな島からできています。

┆┄┄┄┄┄┄┄┄┄┄┄┄┄┄┄┄┄┄┄┄┄┄┄┄┄┄┄┄┄┄┄┄┆
┆　南西　　本州　　九州　　北　　ユーラシア　┆
┆┄┄┄┄┄┄┄┄┄┄┄┄┄┄┄┄┄┄┄┄┄┄┄┄┄┄┄┄┄┄┄┄┆

(2) 日本のまわりにある海の名前を ┆┄┄┆ から選んで答えましょう。

Ⓐ		Ⓑ	
Ⓒ		Ⓓ	

┆┄┄┄┄┄┄┄┄┄┄┄┄┄┄┆
┆ 日本海 ┆
┆ オホーツク海 ┆
┆ 東シナ海 ┆
┆ 太平洋 ┆
┆┄┄┄┄┄┄┄┄┄┄┄┄┄┄┆

学びのディープポイント！　　日本は、領土の小さい島国ですが、領海をふくめるとかなり大きいんだ。そのときに大きな役割をしているのが沖ノ鳥島や南鳥島のような島々なんだよ。そのために国が島を整備して守っているよ。

(3)　日本の東西南北のはしにある島の名前を▯から選んで答えましょう。

北	
南	

東	
西	

おきのとりしま　　みなみとりしま　　えとろふとう　　よなぐにじま
沖ノ鳥島　　南鳥島　　択捉島　　与那国島

(4)　日本は排他的経済水域（はいたてきけいざいすいいき）を守るために、波で島がけずられないようにした島があります。東西南北のどのはしの島ですか。

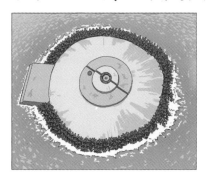

（　　　　　　　）のはしの島

(5)　日本のまわりにある国の名前を▯から選んで答えましょう。

㋐	
㋑	
㋒	
㋓	

ちょうせんみんしゅしゅぎじんみんきょうわこく
朝鮮民主主義人民共和国
ちゅうかじんみんきょうわこく
中華人民共和国
だいかんみんこく
大韓民国
れんぽう
ロシア連邦

(6)　北のはしの島をふくむ４島㊀の名前を答えましょう。また、㊀を今、占領（せんりょう）している国を記号で答えましょう。

（　　　　　　　）〔　　　　　〕

ジャンプ

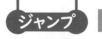

世界から見た日本の位置と領土・領海

[1] 次の世界地図を見て、あとの問いに答えましょう。

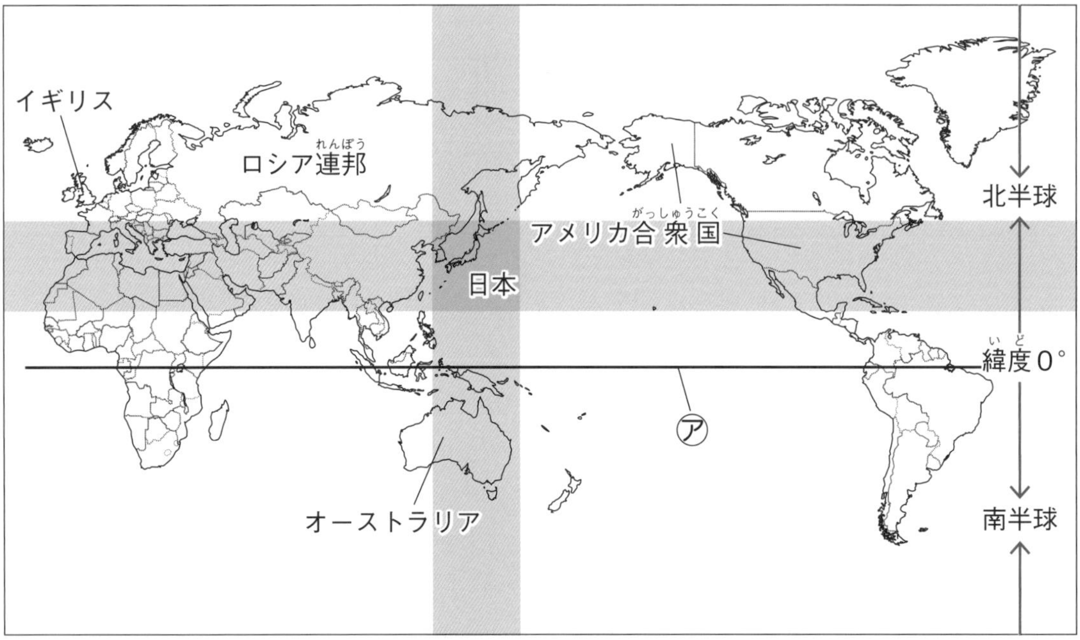

(1)　日本は、何大陸の東側にありますか。

（　　　　　　　　）大陸

(2)　日本の南にある大陸は、何大陸ですか。

（　　　　　　　　）大陸

(3)　日本とほぼ同じ緯度にある大陸は、(1)以外でどこですか。

（　　　　　　　　）大陸，（　　　　　　　　）大陸

(4)　北半球と南半球を分ける緯度0度の線㋐を何といいますか。

（　　　　　　　　）

(5)　三大洋を大きい順に答えましょう。

①		②		③	

2 次の地図を見て、あとの問いに答えましょう。

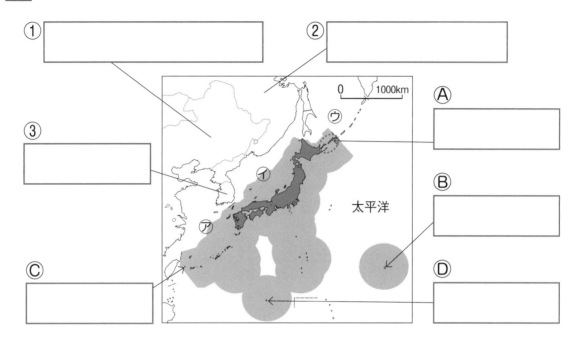

① ▢
② ▢
③ ▢
Ⓐ ▢
Ⓑ ▢
Ⓒ ▢
Ⓓ ▢

太平洋

0　1000km

(1) 図中の ▢ にあてはまる言葉を ┆ ┆ から選んで答えましょう。

与那国島（よ な ぐにじま）　択捉島（え と ろふとう）　南鳥島（みなみとりしま）　沖ノ鳥島（おき の とりしま）
中華人民共和国（ちゅう か じんみんきょうわ こく）　ロシア連邦（れんぽう）　大韓民国（だいかんみんこく）

(2) (1)の中で、排他的経済水域（はい た てきけいざいすいいき）を守るために、波でけずられてなくならないように工事をした島を記号で答えましょう。

〔　　　〕

(3) 日本のまわりにある㋐～㋒の海の名前を ┆ ┆ から選んで答えましょう。

㋐		㋑		㋒	

東シナ海　オホーツク海　日本海

— 11 —

世界から見た日本の位置と領土・領海

 日本から飛行機で世界一周の旅に出ます。あとの問いに答えましょう。

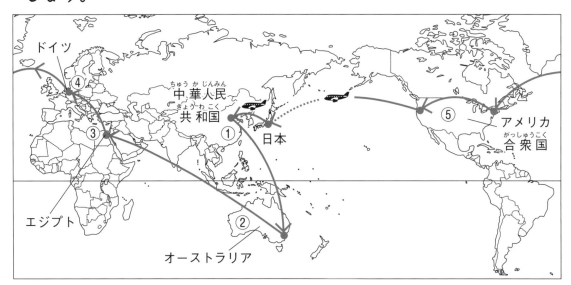

(1) ①～⑤の国は、何大陸にありますか。(2回使うものもあります)

①	大陸	②	大陸
③	大陸	④	大陸
⑤	大陸		

> アフリカ　南アメリカ　北アメリカ
> ユーラシア　オーストラリア

(2) この旅を船で回るとき、三大洋をどの順番で通りますか。

太平洋⇒(　　　　　　)⇒(　　　　　　)⇒(　　　　　　)

(3) この旅で行っていない大陸はどこですか。

(　　　　　　)大陸

2 次の文章を読んで、あとの問いに答えましょう。

日本は、4つの大きな島と、およそ7000の島々からなっています。北のはしの島から西のはしの島まで約3300kmあり、4つの海に囲まれた島国です。

ロシア連邦
東京から2000km
オホーツク海
東京から1500km
樺太
（サハリン）
千島列島
（クリル）
中華人民共和国
Ⓐ
東京から1000km
択捉島
朝鮮民主主義
人民共和国
日本海
東京から500km
Ⓐ
大韓民国
日本
東京
太平洋
東シナ海
Ⓘ
南鳥島
与那国島
沖ノ鳥島
0　　　500　　　1000km

(1) 4つの大きな島を大きい順に答えましょう。

①	
②	
③	
④	

(2) 北と西のはしの島の名前を答えましょう。

北	
西	

(3) 北のはしの島をふくむⒶは、日本固有の領土です。何とよばれていますか。また、今は、どの国に占領されていますか。

（　　　　　　　　　），国（　　　　　　　　　）

(4) 竹島と尖閣諸島も、日本固有の領土でありながら領有を主張している国があります。どの海にありますか。また、関係のある国名を答えましょう。

㋐　竹島　　　（　　　　　　）海，国名（　　　　　　　　）

㋑　尖閣諸島　（　　　　　　）海，国名（　　　　　　　　）

② イメージマップ 日本の地形・気候とそこでのくらし

次のうすく書かれた言葉をなぞりましょう。

☆日本の地形

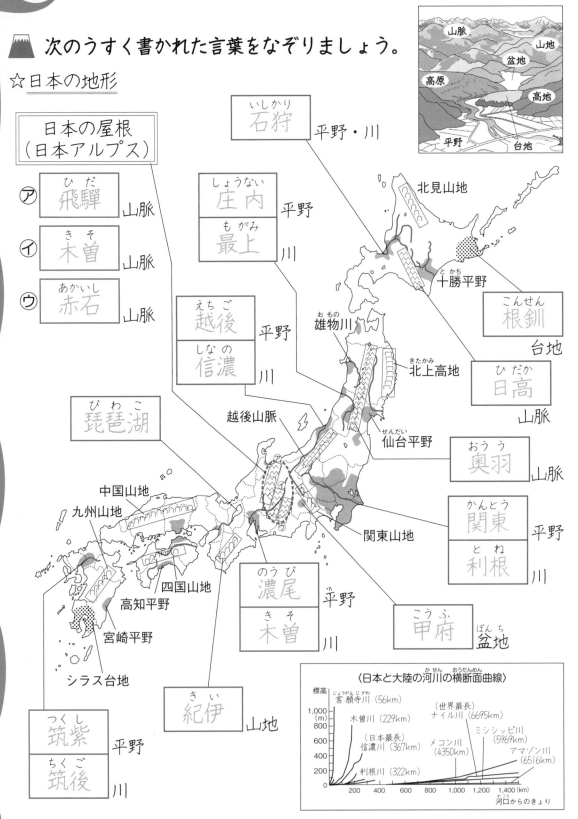

日本の屋根
（日本アルプス）

㋐ ひだ 飛驒 山脈

㋑ き そ 木曽 山脈

㋒ あかいし 赤石 山脈

いしかり 石狩 平野・川

しょうない 庄内 平野
も がみ 最上 川

えちご 越後 平野
しなの 信濃 川

びわこ 琵琶湖

北見山地

十勝平野 と かち

こんせん 根釧 台地

ひ だか 日高 山脈

おもの 雄物川

きたかみ 北上高地

越後山脈

仙台平野 せんだい

おうう 奥羽 山脈

かんとう 関東 平野
と ね 利根 川

中国山地

九州山地

関東山地

四国山地

高知平野

宮崎平野

シラス台地

のうび 濃尾 平野
き そ 木曽 川

こうふ 甲府 ぼんち 盆地

きい 紀伊 山地

つくし 筑紫 平野
ちくご 筑後 川

〈日本と大陸の河川の横断面曲線〉 か せん おうだんめん

標高
1,000 じょうがんじがわ 常願寺川 (56km)
(m) 800
木曽川 (229km)
600 （日本最長） 信濃川 (367km)
400
200 利根川 (322km)

（世界最長） ナイル川 (6695km)
メコン川 (4350km)
ミシシッピ川 (5969km)
アマゾン川 (6516km)

200 400 600 800 1,000 1,200 1,400 (km)
河口からのきょり か こう

☆日本の気候区分（寒い土地とあたたかい土地）

〈北海道にある昔からの家〉

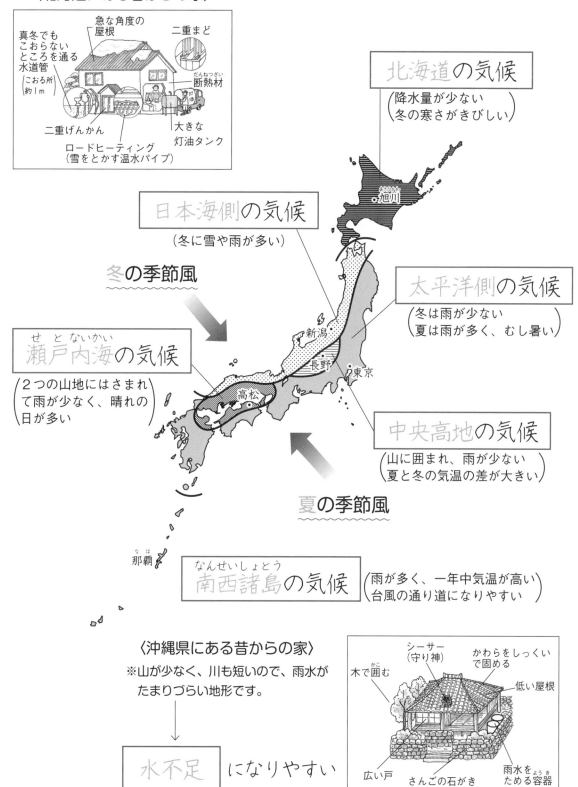

真冬でも
こおらない
ところを通る
水道管
（こおる所
約1m）

急な角度の
屋根

二重まど

断熱材
（だんねつざい）

二重げんかん

ロードヒーティング
（雪をとかす温水パイプ）

大きな
灯油タンク

北海道の気候
（降水量が少ない
冬の寒さがきびしい）

旭川

日本海側の気候
（冬に雪や雨が多い）

冬の季節風

太平洋側の気候
（冬は雨が少ない
夏は雨が多く、むし暑い）

新潟

長野

東京

瀬戸内海（せとないかい）の気候
（2つの山地にはさまれ
て雨が少なく、晴れの
日が多い）

高松

中央高地の気候
（山に囲まれ、雨が少ない
夏と冬の気温の差が大きい）

夏の季節風

那覇（なは）

南西諸島（なんせいしょとう）の気候
（雨が多く、一年中気温が高い
台風の通り道になりやすい）

〈沖縄県にある昔からの家〉
※山が少なく、川も短いので、雨水が
たまりづらい地形です。

↓

水不足 になりやすい

シーサー
（守り神）

木で囲む（かこ）

かわらをしっくい
で固める

低い屋根

広い戸

さんごの石がき

雨水を（ようき）
ためる容器

日本の地形（山地・川・平地）

🗻 次の地図を見て、あとの問いに答えましょう。

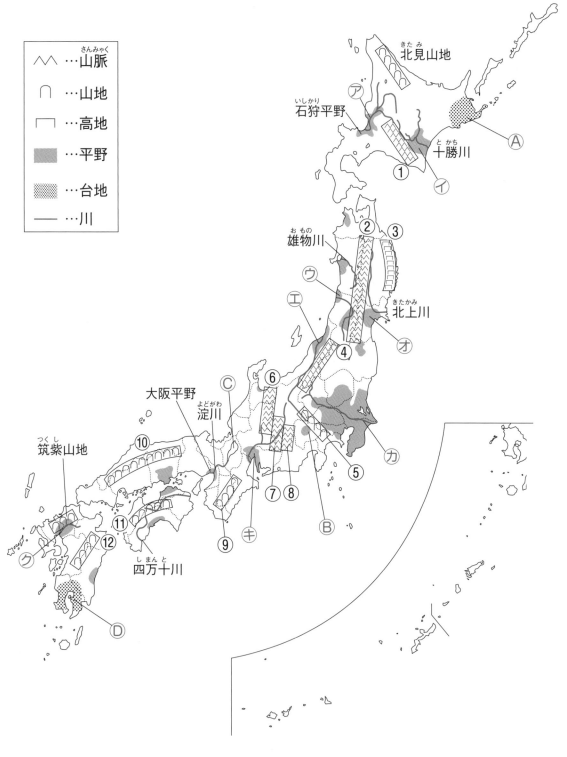

学びのディープポイント! 日本は、国土の４分の３が山地で、それ以外の平地にほとんどの人が住んでいるよ。平野には必ず川が流れていて、日本の川は世界の長い川にくらべて、山からすぐ海に流れ出ているのできょりが短く、流れが急だよ。

学習日　／

(1) ①～⑫の山地・山脈・高地の名前を[　]から選んで答えましょう。

①	山脈	②	山脈	③	高地
④	山脈	⑤	山地	⑥	山脈
⑦	山脈	⑧	山脈	⑨	山地
⑩	山地	⑪	山地	⑫	山地

四国　紀伊(きい)　関東　奥羽(おうう)　飛騨(ひだ)　木曽(きそ)
九州　赤石(あかいし)　日高(ひだか)　越後(えちご)　中国　北上

(2) ㋐～㋗の平野・台地・盆地(ぼんち)と川・湖の名前を[　]から選んで答えましょう。（２回使うものもあります）

㋐	石狩　平野	川	㋑	平野	十勝　川
㋒	平野	川	㋓	平野	川
㋔	平野	北上　川	㋕	平野	川
㋖	平野	川	㋗	平野	川

庄内(しょうない)　関東　濃尾(のうび)　十勝　筑紫(つくし)　越後　仙台(せんだい)
最上(もがみ)　筑後(ちくご)　石狩　利根(とね)　信濃(しなの)　木曽

Ⓐ	台地	Ⓑ	盆地
Ⓒ		Ⓓ	台地

シラス　根釧(こんせん)　甲府(こうふ)　琵琶湖(びわこ)

日本の地形・気候とそこでのくらし-②

高い土地と低い土地でのくらし

🗻 次の資料を見て、あとの問いに答えましょう。

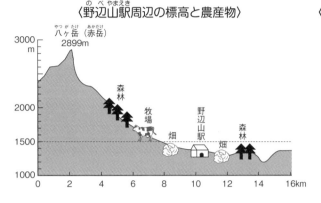

〈野辺山駅周辺の標高と農産物〉

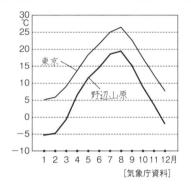

〈野辺山原（長野県）と東京の月別平均気温〉

(1) 野辺山駅は、標高どれぐらいの高さですか。

約（　　　　　）m

(2) 東京と野辺山の８月の平均気温は、約何度ですか。

①　東京　約（　　　）度　　　②　野辺山　約（　　　）度

(3) 次の（　）にあてはまる言葉を ⌐ ̄ ̄¬ から選んで答えましょう。

　長野県の野辺山原は、（①　　　　　　）が積もってできた、
（②　　　　　　）土地でした。夏の気温も低いため（③　　　　　）
には適していません。そこで、牧場の（④　　　　　　）を土にま
ぜて栄養豊かな土地に変えていきました。そして、レタスなど
の（⑤　　　　　　）がさかんにつくられるようになったのです。

> 高原野菜　　火山灰　　牛のフン　　米づくり　　やせた

(4) 野辺山原では、夏のすずしい気候を生かして、畑のほかに何
に土地を利用していますか。　　　　　　　　（　　　　　　　）

—18—

2 次の図は、岐阜県海津市（かいづし）のようすを表しています。あとの問いに答えましょう。

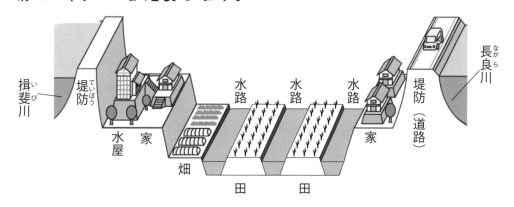

(1)　次の（　）にあてはまる言葉を □ から選んで答えましょう。

　　ここは木曽川（きそがわ）など３つの大きな川に囲（かこ）まれていて、川よりも土地が（①　　　　　　）ため、大雨がふったりすると家や田畑などにひ害（がい）をもたらす、（②　　　　　　）という災害（さいがい）が起こっていました。

　　700年ほど前、町のまわりを（③　　　　　　）で輪のように囲みました。このような土地を（④　　　　　　）といいます。大水のときのひなん場所として、（⑤　　　　　　）を建てていました。

　　今では、（④）内に水がたまらないように（⑥　　　　　　）をつくったので、野菜などもつくられるようになりました。

> 堤防（ていぼう）　排水機場（はいすいきじょう）　水屋（みずや）　低い　輪中（わじゅう）　水害

(2)　(1)の（⑤）の中に入れていたもの２つに○をつけましょう。

（　冷ぞう庫　・　衣類　・　新聞　・　米　・　おもちゃ　）

日本の気候区分

🗻 次の図を見て、あとの問いに答えましょう。

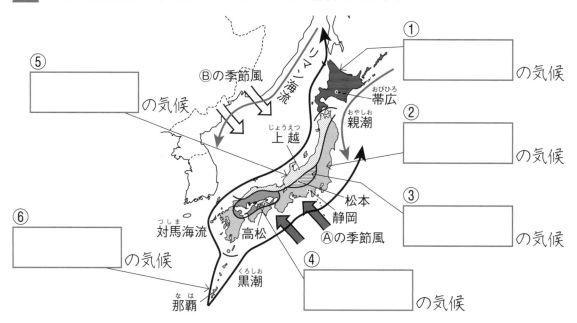

① _____ の気候

② _____ の気候

③ _____ の気候

④ _____ の気候

⑤ _____ の気候

⑥ _____ の気候

Ⓑの季節風
対馬海流
黒潮（くろしお）
親潮（おやしお）
Ⓐの季節風
上越（じょうえつ）
帯広（おびひろ）
松本
静岡
高松
那覇（なは）

(1) 図中の①～⑥の □ にあてはまる気候区分を ┈┈ から選んで
答えましょう。

太平洋側	日本海側	北海道
南西諸島（なんせいしょとう）	中央高地	瀬戸内（せとうち）

(2) 次の図は、ⒶとⒷの季節風のようすを表しています。
あとの問いに答えましょう。

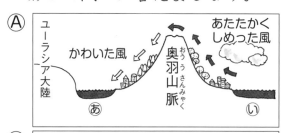

（矢印は季節風の流れを表しています）

① あといは、日本海と太
平洋のどちらですか。

あ（　　　　　　）

い（　　　　　　）

② ⒶとⒷは、夏と冬のど
ちらの季節ですか。

Ⓐ[　　　]　Ⓑ[　　　]

学びのディープポイント!　日本の気候は温暖で四季があるね。
その中でも季節風や緯度、地形のえいきょうを受けて、6つの気
候区分にわかれているよ。それぞれの特ちょうの違いは、雨温図
を見ることで読み取ることができるよ。

学習日

(3)　次の㋐〜㋑の雨温図にあてはまる気候区分(①〜⑥)を□に、
　あてはまる地名を(　)に地図から選んで答えましょう。

〈季節風のえいきょうを受けた気候〉

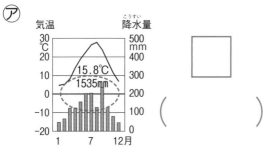

・夏の季節風で、夏に雨が多い

・冬の季節風で、冬に雪や雨が多い

〈緯度のえいきょうを受けた気候〉

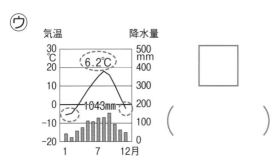

・冬の寒さがきびしい

・年中高温で、台風などで雨が多い

〈地形のえいきょうを受けた気候〉

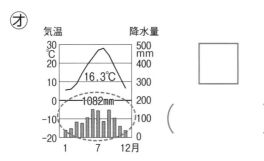

・2つの山地にはさまれ、年間を
　通して雨が少ない

・高い山に囲まれ、雨が少なく、
　夏と冬の気温差が大きい

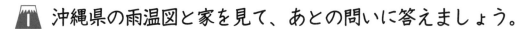

あたたかい土地と寒い土地でのくらし

🗻 沖縄県の雨温図と家を見て、あとの問いに答えましょう。

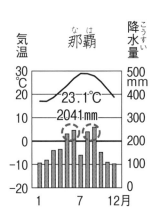

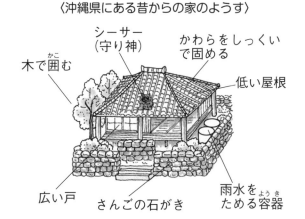

〈沖縄県にある昔からの家のようす〉

(1) 雨が多い5・6月はつゆの時期だからですが、8・9月に雨が多いのはなぜですか。（　　　　　　　）の時期にあたるから。

(2) (1)のために、工夫していることを絵から選んで答えましょう。

(3) 沖縄県は台風の通り道になりやすく、降水量が多いのに、どうして水不足になりやすいのですか。（　）にあてはまる言葉を \[＿＿\] から選んで答えましょう。

　　沖縄県は、森林が（①　　　　　　）、大きな長い（②　　　　　　）もないので、雨がふってもすぐに（③　　　　　　）に流れてしまうからです。近年では（④　　　　　　）をつくって、そうなりにくいように工夫しています。

> ダム　少なく　　川　海

学びのディープポイント! 沖縄県は、日本の中で一番台風のえいきょうを受けていて、その強風に負けない家や雨を利用することが考えられてきたんだ。北海道は、寒く、雪がよくふるので、雪や低い気温にたえるための家が考えられたんだ。

学習日

2 北海道の雨温図と家を見て、あとの問いに答えましょう。

〈北海道にある昔からの家のようす〉

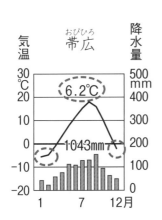

急な角度の屋根
二重まど
真冬でもこおらないところを通る水道管（こおる所 約1m）
断熱材
二重げんかん
ロードヒーティング（雪をとかす温水パイプ）
大きな灯油タンク

(1) 北海道の冬は、雪が多く、寒さがきびしいです。
平均気温が0度以下になるのは何月から何月ですか。

( )月～( )月

(2) (1)のために、工夫していることを（ ）に答えましょう。

① 家をあたためるため

・げんかん、まどは（　　　　　）。

・灯油は大きな（　　　　　）に入れる。

・かべに（　　　　　）を入れる。

② 水道をこおらさないため

・水道管は（　　　　　）以下のところに通す。

③ 道路の雪をとかすため

・道路に（　　　　　）を設置する。

④ 雪を落ちやすくするため

・屋根の角度を（　　　　　）する。

ジャンプ

日本の地形・気候とそこでのくらし

1 次の①～⑫の地形名を[　]から選んで答えましょう。

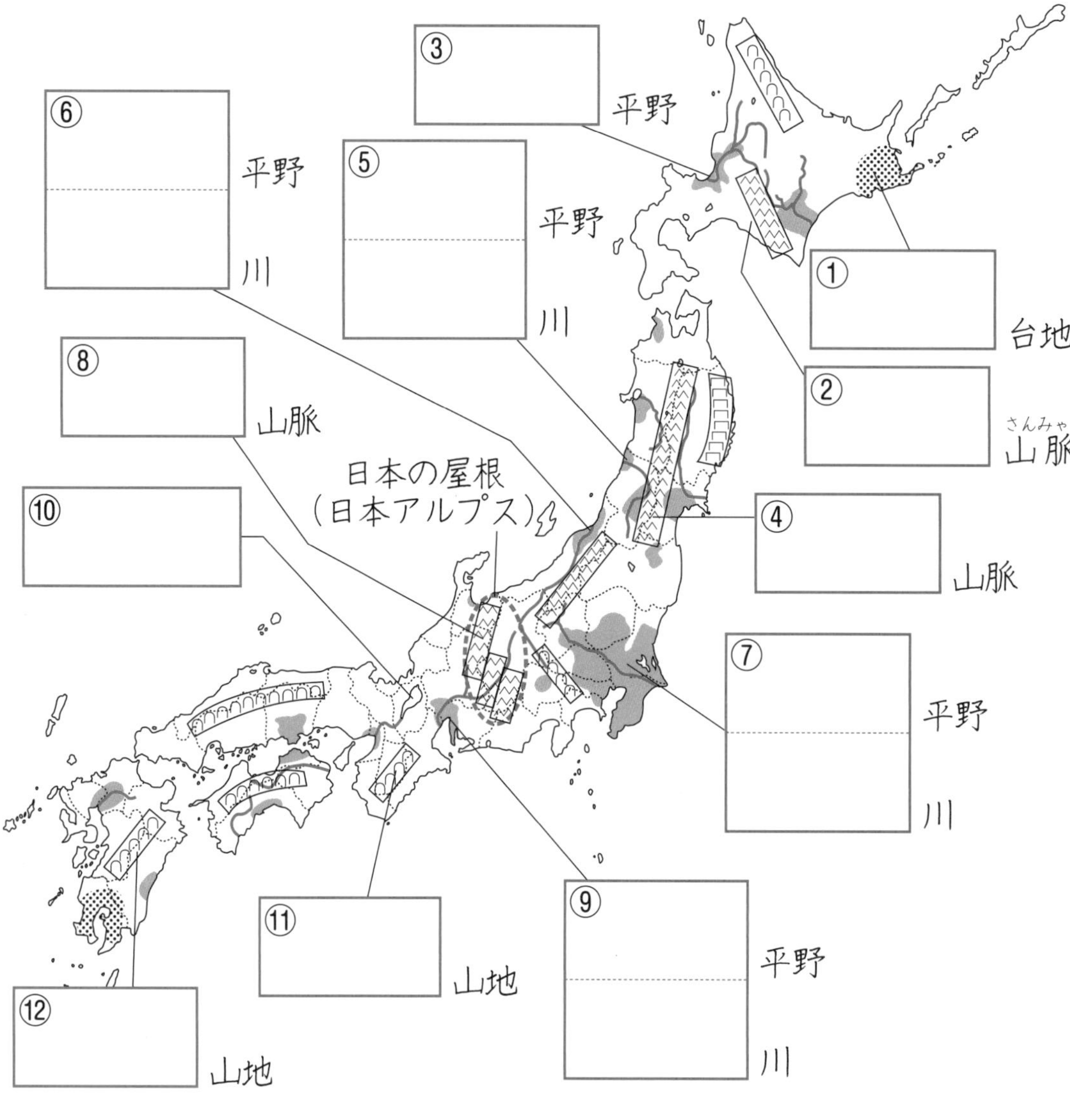

③ 平野
⑥ 平野 川
⑤ 平野 川
① 台地
② 山脈（さんみゃく）
⑧ 山脈
日本の屋根（日本アルプス）
⑩
④ 山脈
⑦ 平野 川
⑪ 山地
⑨ 平野 川
⑫ 山地

山地・山脈	奥羽（おうう）　九州　日高（ひだか）　飛驒（ひだ）　紀伊（きい）
平野・台地	越後（えちご）　関東　石狩（いしかり）　庄内（しょうない）　根釧（こんせん）　濃尾（のうび）
川・湖	琵琶湖（びわこ）　利根（とね）　信濃（しなの）　最上（もがみ）　木曽（きそ）

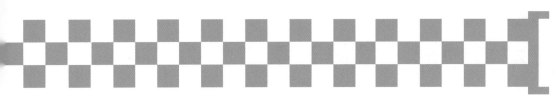

2 次のⒶとⒷの文を読んで、あとの問いに答えましょう。

Ⓐ群馬県嬬恋村(つまごいむら)は、標高1000～1300mにあるので、夏でもすずしいです。㋐暑さに弱いキャベツを、夏に作っています。

Ⓑ岐阜県海津市(かいづし)は、３つの川に囲(かこ)まれていて、川の水面よりも低い土地です。そのため、町の㋑まわりを堤防(ていぼう)で囲んでいます。

(1) ⒶⒷの文に関係する地図と写真を選んで記号で答えましょう。

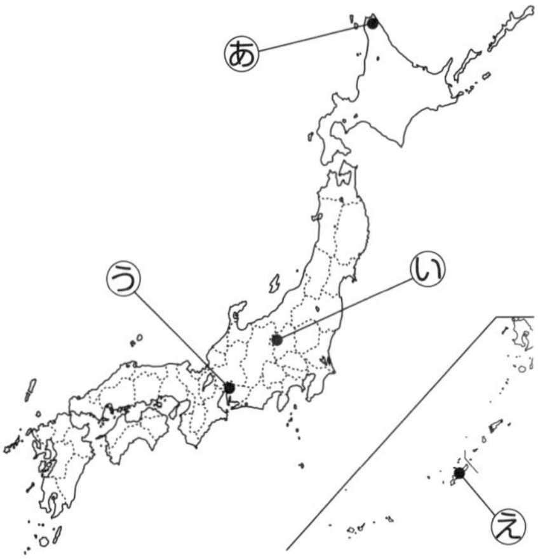

①

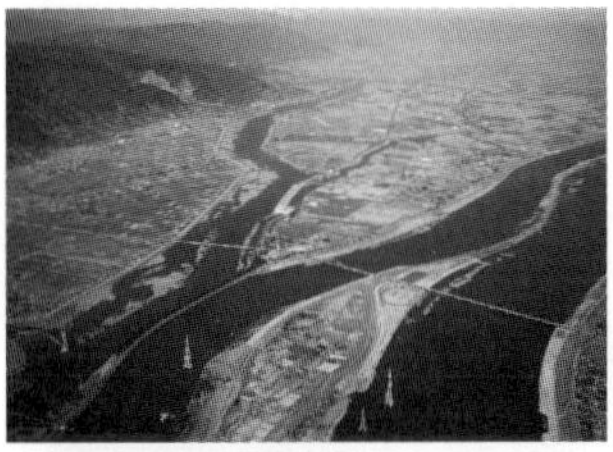

©海津市歴史民俗資料館

②

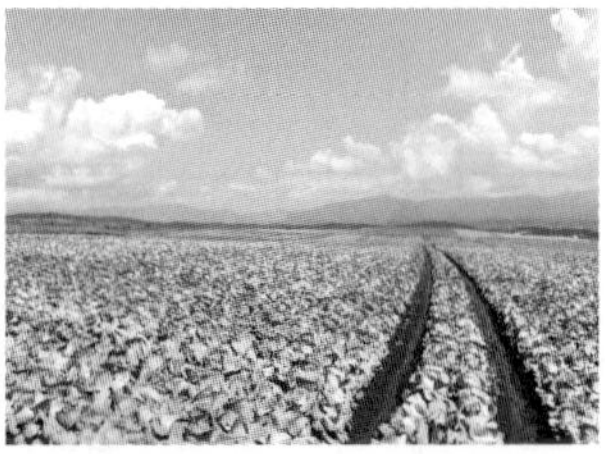

	地図	写真
Ⓐ		

	地図	写真
Ⓑ		

(2) 文中の㋐と㋑に関係する言葉を[　]から選んで答えましょう。

㋐(　　　　)　　㋑(　　　　)(　　　　)

輪中(わじゅう)　高原野菜　水屋(みずや)

(3) ⒶとⒷの地形や自然の生かし方を[　]から選んで答えましょう。

Ⓐ…標高が(　　　　)ので、夏は(　　　　)、

冬は(　　　　)。

Ⓑ…まわりが(　　　　)なので、(　　　　)の練習場。

川　高い　ヨット　スキー　ハイキング

日本の地形・気候とそこでのくらし

1 日本は南北に細長くのびているので、Ⓐ～Ⓕの地域(ちいき)で大きく気候がちがいます。Ⓐ～Ⓕの地域にあてはまる気候区分を[　]から、雨温図を㋐～㋕から選んで答えましょう。

〈日本の気候区分〉

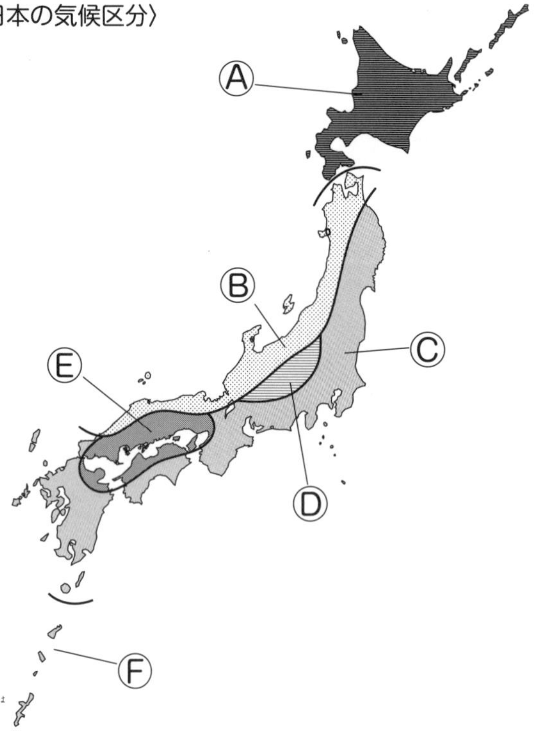

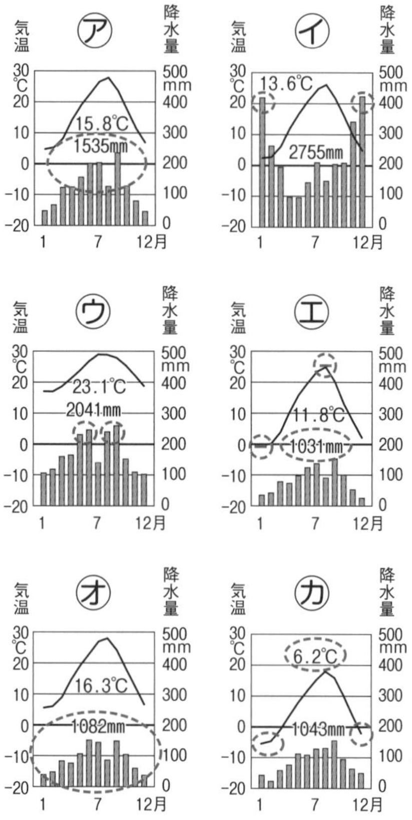

	気候区分名	記号		気候区分名	記号
Ⓐ	の気候		Ⓑ	の気候	
Ⓒ	の気候		Ⓓ	の気候	
Ⓔ	の気候		Ⓕ	の気候	

瀬戸内海(せとないかい)　中央高地　太平洋側(たいへいようがわ)
日本海側　南西諸島(なんせいしょとう)　北海道

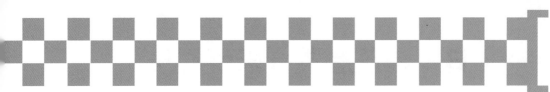

2 次の「くらしごよみ」を見て、あとの問いに答えましょう。

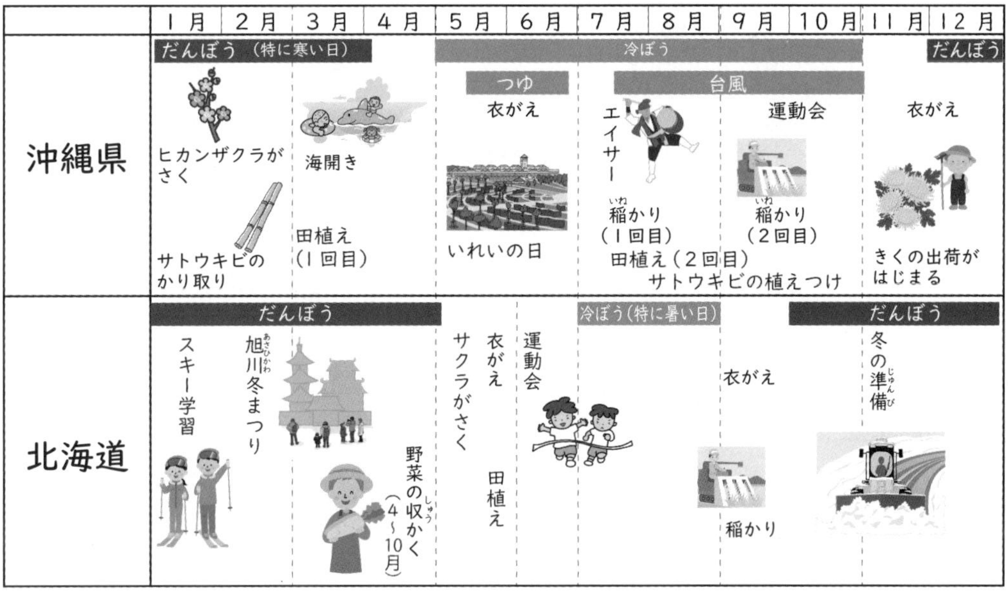
1月
2月
3月
4月
5月
6月
7月
8月
9月
10月
11月
12月
沖縄県
だんぼう（特に寒い日）
冷ぼう
だんぼう
つゆ
台風
衣がえ
エイサー
運動会
衣がえ
ヒカンザクラがさく
海開き
稲かり（1回目）
稲かり（2回目）
田植え（1回目）
いれいの日
田植え（2回目）
サトウキビの植えつけ
サトウキビのかり取り
きくの出荷がはじまる
北海道
だんぼう
冷ぼう（特に暑い日）
だんぼう
スキー学習
旭川冬まつり
衣がえ
サクラがさく
運動会
衣がえ
冬の準備
野菜の収かく（4～10月）
田植え
稲かり

(1)　沖縄県と北海道に関係するものを、それぞれ㋐～㋕から選んで記号で答えましょう。

㋐　3月末～4月に海開き　　㋑　つゆがない

㋒　冬に、スキー学習　　㋓　1月からヒカンザクラがさく

㋔　稲かりが2回ある　　㋕　10月からだんぼうを使う

沖縄県〔　　　〕〔　　　〕〔　　　〕

北海道〔　　　〕〔　　　〕〔　　　〕

(2)　沖縄県と北海道の気候を生かしてつくられている農産物を［　　］から選んで答えましょう。

①　沖縄県（　　　　）（　　　　）

②　北海道（　　　　）（　　　　）

じゃがいも　　サトウキビ　　パイナップル　　牛乳(ぎゅうにゅう)

③ イメージマップ → **日本の農産業（米づくり）**

🗻 次のうすく書かれた言葉をなぞりましょう。

☆ 米づくりのさかんな地域

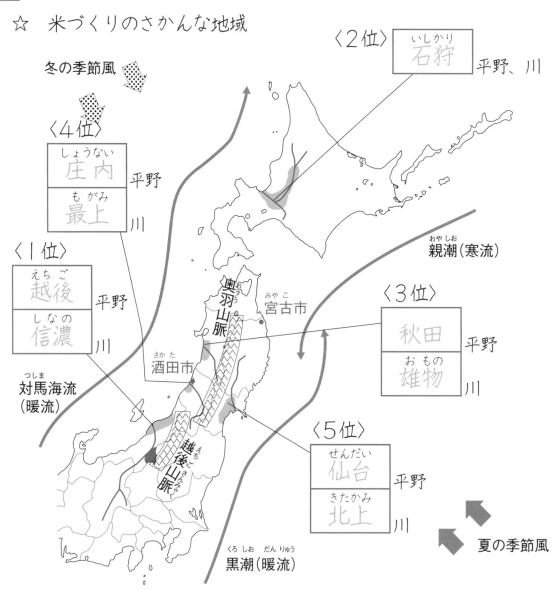

冬の季節風

〈2位〉 石狩（いしかり） 平野、川

〈4位〉 庄内（しょうない） 平野 ／ 最上（もがみ） 川

〈1位〉 越後（えちご） 平野 ／ 信濃（しなの） 川

親潮（おやしお）（寒流）

奥羽山脈（おううさんみゃく）　宮古市（みやこ）

〈3位〉 秋田 平野 ／ 雄物（おもの） 川

酒田市（さかた）

対馬海流（つしま）（暖流）

越後山脈（えちごさんみゃく）

〈5位〉 仙台（せんだい） 平野 ／ 北上（きたかみ） 川

夏の季節風

黒潮（くろしお）（暖流）

☆米づくりに適（てき）した条件（じょうけん）

① 広い土地（平野・盆地（ぼんち））

② 豊（ゆた）かな水（雪どけ水）

③ 夏の高温と夏に晴れの日が多い

☆米づくりの年間スケジュール

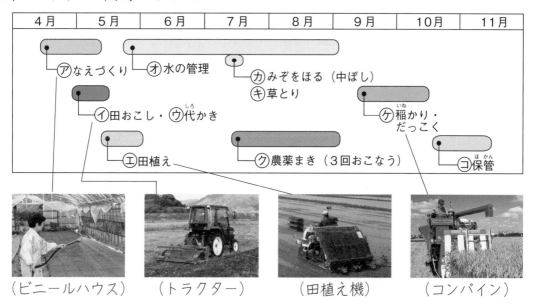

	4月	5月	6月	7月	8月	9月	10月	11月

㋐なえづくり　　㋔水の管理

㋑田おこし・㋒代かき

㋓田植え

㋕みぞをほる（中ぼし）

㋖草とり

㋗農薬まき（3回おこなう）

㋘稲かり・だっこく

㋙保管

（ビニールハウス）　（トラクター）　（田植え機）　（コンバイン）

☆東北地方の気候の特ちょう　　　　（※矢印は季節風の流れを表しています）

冬 の季節風

ユーラシア大陸　冷たく・しめった風　奥羽山脈　かわいた風　日本海　太平洋

（たくさんの雪を平地や山にふらせる）

夏 の季節風

ユーラシア大陸　かわいた風　奥羽山脈　あたたかくしめった風　日本海　太平洋

（あたたかく、かわいた風で気温が上がる）

☆これからの米づくり

① 耕地整理 （農業機械）

② 品種改良 （ブランド米）……

Ⓒ全農パールライス株式会社

③ 安全・安心 な米づくり（農薬・化学肥料の使用減）

㋐ アイガモ 農法……雑草や害虫を食べ、そのフンが

肥料になる。

㋑ たい肥 づくり…牛のフンなどにもみがらやわら

をまぜる。

日本の農産業（米づくり）-①

米づくりとそのさかんな地域

ステップ

 次の地図とグラフを見て、あとの問いに答えましょう。

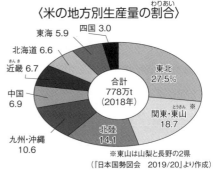

〈米の地方別生産量の割合〉

東海 5.9　四国 3.0
北海道 6.6
近畿 6.7
中国 6.9
九州・沖縄 10.6
合計 778万t（2018年）
東北 27.5%
関東・東山 18.7
北陸 14.1

※東山は山梨と長野の2県
（『日本国勢図会 2019/20』より作成）

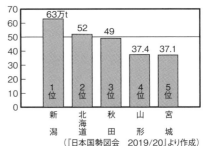

〈県別の米の生産量〉

63万t	52	49	37.4	37.1	
1位	2位	3位	4位	5位	
新潟	北海道	秋田	山形	宮城	

（『日本国勢図会 2019/20』より作成）

(1) 米の生産量の多い地方はどこで、全体の何％ですか。

（　　　　　　　　）地方，（　　　　　）％

(2) 県別の米の生産量のグラフを見て、その地域の平野と川の名前を ⌐ ¬ から選んで答えましょう。

順位	平野	川
1	平野	川
2	平野	川
3	平野	川
4	平野	川
5	平野	川

〈平野〉

仙台　　秋田　　越後
石狩　　庄内

〈川〉

石狩　　雄物　　信濃
最上　　北上

—30—

学びのディープポイント! 酒田市と宮古市の日照時間の差は夏の季節風を考えることでわかるよ。酒田市は日本海側の気候で、夏は晴れた日が多くなるので気温も高く、日照時間も長くなるんだ。だから、米づくりに適しているんだね。

2 次の冬と夏の季節風の図を見て、あとの問いに答えましょう。

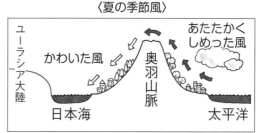

〈冬の季節風〉

ユーラシア大陸 / 冷たくしめった風 / かわいた風 / 奥羽山脈 / 日本海（日照時間は短くなる） / 太平洋

〈夏の季節風〉

ユーラシア大陸 / かわいた風 / あたたかくしめった風 / 奥羽山脈 / 日本海 / 太平洋

（※矢印は季節風の流れを表しています）

(1) 日本海側のことを説明している文2つに○をつけましょう。

㋐ （ 　 ） 夏にかわいた風がふいてくる。

㋑ （ 　 ） 夏にたくさんの雨がふる。

㋒ （ 　 ） 冬にたくさんの雪がふる。

㋓ （ 　 ） 冬に晴れの日が多くなる。

(2) 次のグラフは🗻の地図の酒田市と宮古市のものです。

酒田市は、AとBのどちらですか。

酒田市 （ 　 ）

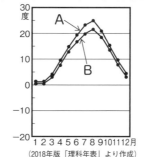

〈酒田市と宮古市の平均気温〉

30度 / 20 / 10 / 0 / −10 / −20

1 2 3 4 5 6 7 8 9 10 11 12月
（2018年版「理科年表」より作成）

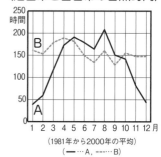

〈酒田市と宮古市の日照時間〉

250時間 / 200 / 150 / 100 / 50 / 0

1 2 3 4 5 6 7 8 9 10 11 12月
（1981年から2000年の平均）
（——…A, ------…B）

(3) 東北地方で米づくりがさかんな理由を ┆ ┆ から選んで答えましょう。

① 広い（ 　 　 ）と豊かな（ 　 　 　 ）があること。

② 夏に気温が（ 　 　 ）なり、夏の日照時間が（ 　 　 ）こと。

高く　　平地　　長い　　雪どけ水

— 31 —

米の生産量と年間スケジュール

🗻 次の都道府県別の米の生産量を見て、あとの問いに答えましょう。

〈都道府県別の米の生産量（2018年）〉

（単位：万t）

(1)　上の図を見て、正しい文２つに〇をつけましょう。

①　（　　　）　米の生産量が多いのは、あたたかい地方である。

②　（　　　）　米は、すべての都道府県でつくられている。

③　（　　　）　米は、東北地方と中部地方の太平洋側でとくに
　　　　　　　多くつくられている。

④　（　　　）　関東地方は、大都市が近いので米の生産量が多
　　　　　　　い県がある。

(2)　米の生産量が37万t以上の都道府県をすべて答えましょう。

　　　　　（　　　　　　　）（　　　　　　　）（　　　　　　　）

　　　　　（　　　　　　　）（　　　　　　　）

学びのディープポイント！ 都道府県別の米の生産量を見ると、気候がすずしくて平野と川があるところは、米づくりがさかんなことがわかるね。米づくりをするときには、年間を通してさまざまな作業があって、いろいろな農業機械が活やくしているよ。

学習日　／

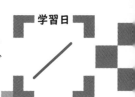

2 次の米づくりの表を見て、あとの問いに答えましょう。

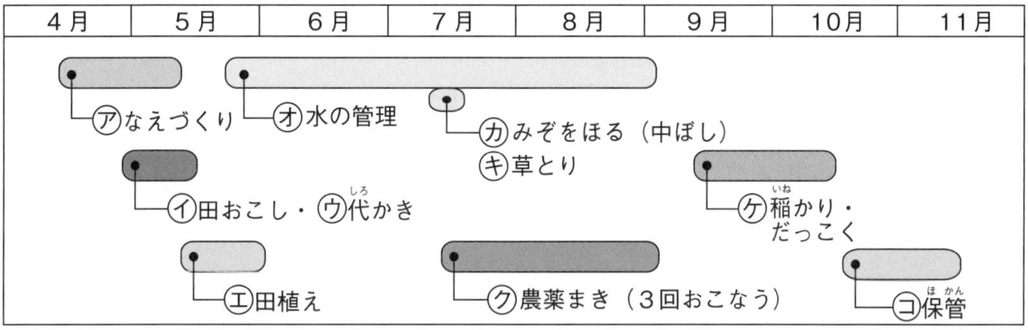

(1) 次の①～④は、㋐～㋙の作業の中のどれですか。（　）には記号を、□には関係する言葉を［　］から選んで答えましょう。

①（　　）
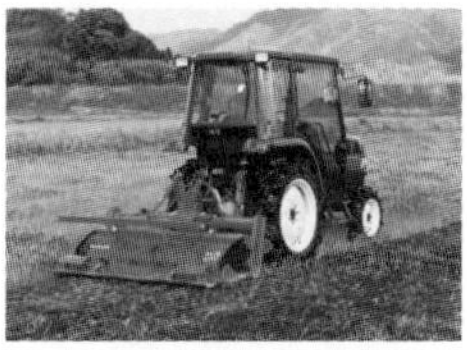

②（　　）
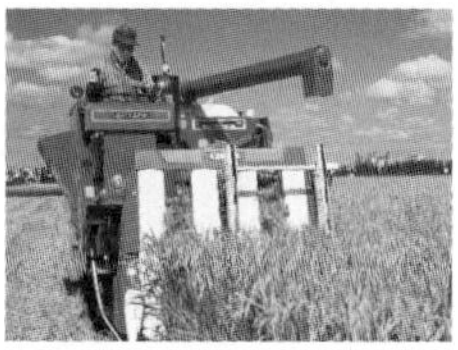

③（　　）
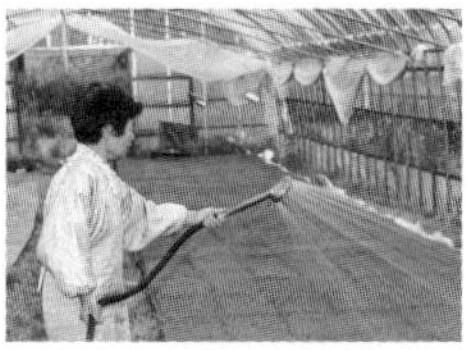

④（　　）
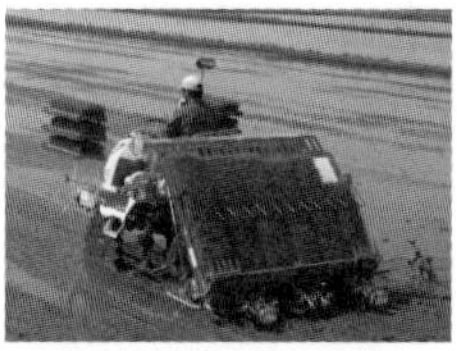

［コンバイン　田植え機　トラクター　ビニールハウス］

(2) 次の①～③は表の中のどの作業ですか。記号で答えましょう。

①（　　）田の水をぬいてほし、根をじょうぶにする。

②（　　）カントリーエレベーターで保管しておく。

③（　　）水を入れた田の土をかきまぜて、平らにする。

米づくりの工夫

🗻 米づくりの工夫<ふう>として、次のようなことが行われています。
図とグラフを見て、あとの問いに答えましょう。

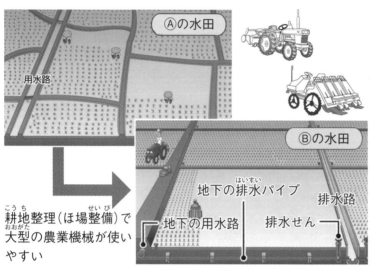

Ⓐの水田

用水路

Ⓑの水田

地下の排水パイプ<はいすい>

排水路

地下の用水路　排水せん

耕地整理<こうち>（ほ場整備<せいび>）で大型<おおがた>の農業機械が使いやすい

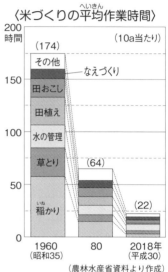

〈米づくりの平均<へいきん>作業時間〉

200
時間　　　　　　　　（10a当たり）

（174）

その他
　　　　　　なえづくり
田おこし
田植え
水の管理
草とり
　　　　（64）
稲かり<いね>
　　　　　　　　（22）

150

100

50

0

1960　　80　　2018年
（昭和35）　　　（平成30）
（農林水産省資料より作成）

(1) 田の形をⒶからⒷに整えることを何といいますか。

（　　　　　　　　　）

(2) (1)をすることで、何が使えるようになりましたか。

大型の（　　　　　　　　　）

(3) (2)のことでよくなったことを答えましょう。

田おこしや田植えの時間が（　　　　　　　　　）

(4) 米づくりにかかる時間についてあとの問いに答えましょう。

① 米づくりにかかる時間はそれぞれ何時間ですか。

1960年（　　　　　）時間 ➡ 2018年（　　　　　）時間

② 2018年は、1960年とくらべて約何分の1になりましたか。

約（　　　　）分の1

③ 一番作業時間が減った作業は何ですか。（　　　　　　　　　）

学びのディープポイント！ 米づくりでは、作業時間やおいしいお米を作るために、農家の人がさまざまな工夫をしているよ。大型の農業機械は、一農家で買うには高すぎるので、集団や会社で共同で使っているんだ。

学びのディープポイント！ 米づくりでは、作業時間やおいしいお米を作るために、農家の人がさまざまな工夫をしているよ。大型の農業機械は、一農家で買うには高すぎるので、集団や会社で共同で使っているんだ。

学習日　　／

2 寒い地方でも米がたくさんとれるようになったのは、次のようなことが行われてきたからです。図を見て、（　）にあてはまる言葉を答えましょう。

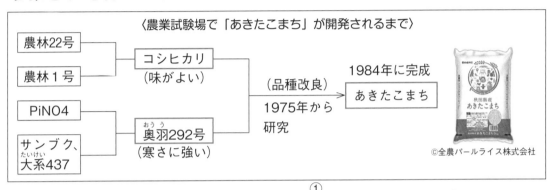

〈農業試験場で「あきたこまち」が開発されるまで〉

- 農林22号 ┐
- 農林1号 ┘ → コシヒカリ（味がよい）
- PiN04 ┐
- サンブク、大系437 ┘ → 奥羽292号（寒さに強い）

→（品種改良）1975年から研究 → 1984年に完成 あきたこまち

©全農パールライス株式会社

　農業試験場では、味がよい（①　　　）と寒さに（②　　　）奥羽292号とをかけあわせて、両方の性質をもった（③　　　）をつくりだしました。

　このように、いろいろな品種を組み合わせて新しい品種をつくり出すことを（④　　　）といいます。

3 米づくりの工夫としてあてはまる言葉を □ から選んで答えましょう。

① 雑草が生えないように（　　　　　）をまく。

② 稲の生長をよくするために人工の（　　　　　）を使う。

③ ②の量を少なくするために動物の（　　　　　）を使う。

④ 気温に合わせて、水の量を調節する（　　　　　）を行う。

⑤ 水田に（　　　　　）を直接まいて、なえづくりの作業を減らす。

> 化学肥料　　たい肥　　水の管理　　種もみ　　農薬

日本の農産業（米づくり）-④

これからの米づくり

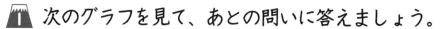

🗻 次のグラフを見て、あとの問いに答えましょう。

〈農業で働く人数の変化〉

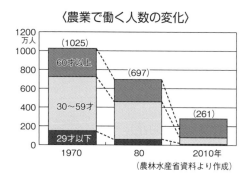

（農林水産省資料より作成）

〈米の生産量・消費量と古米の在庫量の変化〉

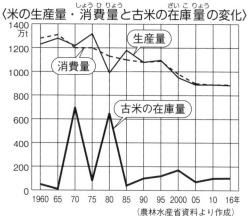

（農林水産省資料より作成）

(1) 農業で働く人の数について答えましょう。

① 1970年　⑦　働く人の数　（　　　　　　　）万人

　　　　　　⑦　一番多い年代　（　　　　　　　）

② 2010年　⑦　働く人の数　（　　　　　　　）万人

　　　　　　⑦　一番多い年代　（　　　　　　　）

③ 2010年の働く人の数は、1970年の約何分の1になりましたか。

約（　　　　　　　）分の1

(2) 米の生産量・消費量と古米の在庫量について答えましょう。

① 1960年からの米の生産量・消費量は、どうなってきていますか。

（　増えている　・　減っている　）

② 古米の在庫量を減らすための方法として、（　）にあてはまる言葉を◻◻◻から選んで答えましょう。

⑦　（　　　　　　　）…田で米以外の作物をつくる。

⑦　（　　　　　　　）…米をつくらず生産量を減らす。

┌─────────────────────────┐
│　生産調整　　二毛作　　転作　│
└─────────────────────────┘

学びのディープポイント! 日本は、米の生産量と消費量がつりあっていない時期があり、昔は古米の在庫量が多かったんだ。今は米のおいしさや安全・安心、米づくりの効率化をより考えるようになったんだね。また、米だけでなく、それ以外の農産物をつくる米農家も増えたんだ。

学習日　　／

[2] 米の消費量を上げるための取り組みについて、（　）にあてはまる言葉を［　］から選んで答えましょう。

Ⓐ　品種改良（おいしくて、手軽な米づくり）

① 

©全農パールライス株式会社

（　　　　　）
《寒さに強く、おいしい》

② 

©全農パールライス株式会社

（　　　　　）
《洗(あら)わずにたける》

③ 

©東北日本ハム株式会社

（　　　　　）
《小麦粉(こむぎこ)の代わりになる》

Ⓑ　無農薬（安全な米づくり）

④ 

（　　　　　）農法
《害虫を食べ、フンがたい肥》

⑤ 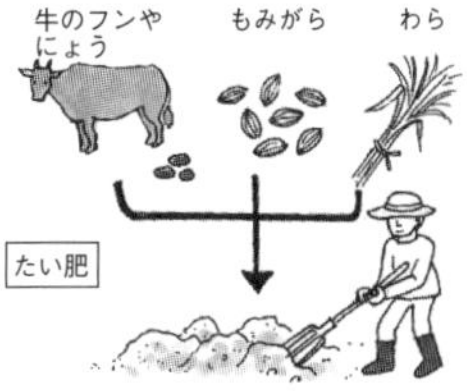

（　　　　　）づくり

Ⓒ　集落営農(しゅうらくえいのう)（農家い若い人を増(ふ)やす取り組み）

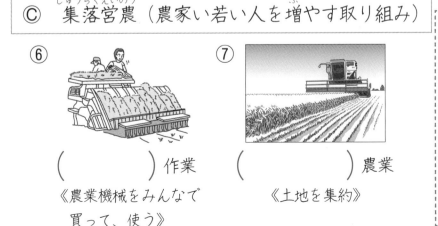

⑥ 

（　　　　　）作業
《農業機械をみんなで買って、使う》

⑦ 

（　　　　　）農業
《土地を集約》

アイガモ
ブランド米
共同
米粉(こめこ)
大きぼ
たい肥(ひ)
無洗米(むせんまい)

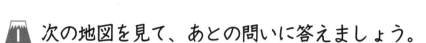

日本の農産業（米づくり）

🗻 次の地図を見て、あとの問いに答えましょう。

〈都道府県別の米の生産量〉
（単位：万t）

親潮

対馬海流

黒潮

『日本国勢図会 2019/20』より作成

(1) 日本海に面した道・県で米の生産量が1位～4位を答えましょう。

1位	
2位	
3位	
4位	

(2) (1)の平野と川の名前を ▢ から選んで答えましょう。

1位	平野		川
2位	平野		川
3位	平野		川
4位	平野		川

〈平野〉
石狩　越後
秋田　庄内

〈川〉
雄物　最上
信濃　石狩

(3) なぜ(1)では、米づくりがさかんなのですか。（　）にあてはまる言葉を ▢ から選んで答えましょう。

春には、豊かな（①　　　　）が広い（②　　　　）の川を流れており、夏には南東からの（③　　　　）で気温が（④　　　　）、日が照り続ける時間も（⑤　　　　）なるからです。

高く　季節風　長く　雪どけ水　平地

— 38 —

2 米づくりの仕事について、あとの問いに答えましょう。

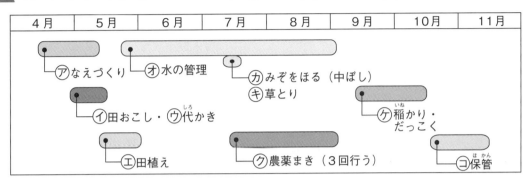

4月	5月	6月	7月	8月	9月	10月	11月

ア なえづくり
オ 水の管理
カ みぞをほる（中ぼし）
キ 草とり
イ 田おこし・ウ 代かき
ケ 稲かり・だっこく
エ 田植え
ク 農薬まき（3回行う）
コ 保管

(1) 次の作業の名前を上の表から選んで〔　〕に書き、作業の順番を□に番号で答えましょう。

Ⓐ □　〔　　　　　〕

Ⓑ □　〔　　　　　〕

Ⓒ □　〔　　　　　〕

Ⓓ □　〔　　　　　〕

(2) コンバインとトラクターは、(1)のⒶ～Ⓓのどれですか。

①　コンバイン（　　　）　　②　トラクター（　　　）

(3) 表の中の、なえづくりには時間がかかります。その仕事を減らすために行われていることで正しいものに○をつけましょう。

（　転作　・　種もみの直まき　・　アイガモ農法　）

— 39 —

日本の農産業（米づくり）

🗻 次のグラフを見て、あとの問いに答えましょう。

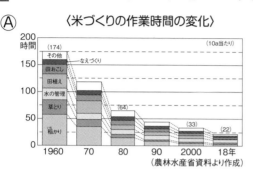

Ⓐ 〈米づくりの作業時間の変化〉

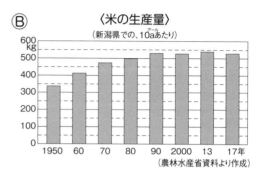

Ⓑ 〈米の生産量〉
（新潟県での、10aあたり）

(1) Ⓐについて、次の問いに答えましょう。

① 1960年で、作業時間が長いものを3つ答えましょう。

（　　　　　）（　　　　　）（　　　　　）

② 1960年と2018年をくらべると、作業時間は約何分の1に減りましたか。　　　　　　　　約（　　　　　）分の1

(2) Ⓑのグラフで、2013年の10aあたりの米の生産量は、1950年よりどれくらい増えましたか。　　　　約（　　　　　）倍

(3) (1)・(2)について、なぜそうなったのか、次の（　）にあてはまる言葉を ⌐ ⌐ から選んで答えましょう。

水田の（①　　　　　　　　）と、大型の（②　　　　　　　　）を使い、その土地にあった稲をつくり出す（③　　　　　　　　）を行うことによって、作業時間を（④　　　　　　　　）にしつつ、米の生産量を（⑤　　　　　　　　）ことができるようになったから。

┌─────────────────────────────────┐
│ 短時間　　品種改良　　農業機械　　上げる　　耕地整理 │
└─────────────────────────────────┘

2 次のグラフを見て、あとの問いに答えましょう。

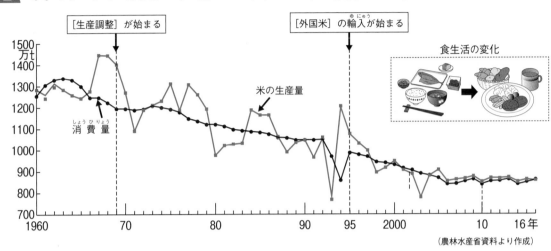

（農林水産省資料より作成）

(1) 次の（　）にあてはまる言葉を答えましょう。

① 米の消費量は、主食にパンを食べるなどの食生活の

（　　　　　　）で、だんだん（　　　　　　）きています。

② （　　　　　　）年、米の生産量がとくに急激に（　　　　　　）

ので、1995年に初めて（　　　　　　）を輸入しました。

(2) 農家の人たちが、消費量を上げるための取り組みについて、

（　）にあてはまる言葉を［┈┈┈］から選んで答えましょう。

① （　　　　　　）・安心な米づくり

（　　　　　　）農法、（　　　　　　）づくり

② おいしい米づくり

（　　　　　　）、ブランド米

③ 手軽に使える米（　　　　　　）［すぐたける］

┌─────────────────────────────────┐
│ 無洗米　　アイガモ　　品種改良　　安全　　たい肥 │
└─────────────────────────────────┘

— 41 —

④ イメージマップ 日本の農産業（野菜・くだもの・ちく産）

🗻 次のうすく書かれた言葉をなぞりましょう。

☆ 気候・地理を活かした農作業

〈気候〉

図	気候	野菜	くだもの	ちく産
	すずしい	高原野菜 （おそづくり） レタス・キャベツ	りんご	にゅうぎゅう 乳牛 （らく農）
（こい）	あたたかい	早づくり （ビニールハウス） きゅうリ・ピーマン	みかん	
	昼夜の温度差 が大きい		ぶどう もも	

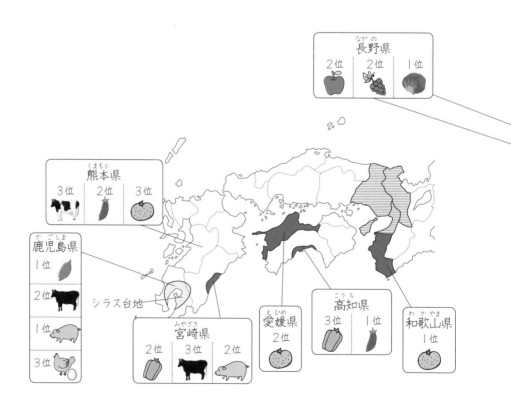

—42—

〈地形〉

▤	大都市に近い	きんこう 近郊農業 （新せんな 野菜、たまご）
▦ （うすい）	作物には むかない （広い土地）	らく農・ちく産 （乳牛、肉牛、 ぶた、にわとり）

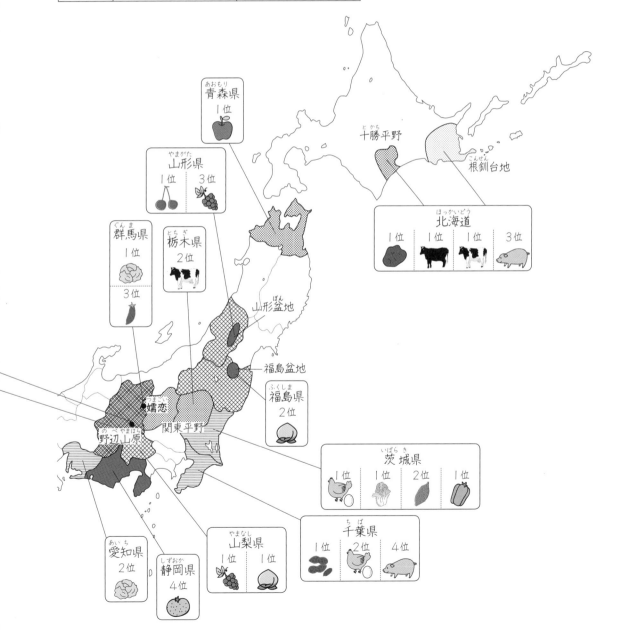

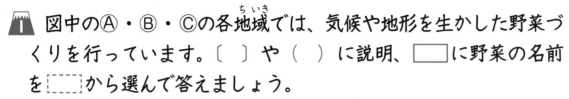

ステップ

野菜・くだものづくりのさかんな地域

🗻 図中のⒶ・Ⓑ・Ⓒの各地域（ちいき）では、気候や地形を生かした野菜づくりを行っています。〔 〕や（ ）に説明、□□に野菜の名前を ⌐⌐ から選んで答えましょう。

Ⓐ〔　　　　　　　〕地域での農業

（　　　　　）に高地でつくられる

（　　　　　　　　）づくり。

〈作物〉 ［　　　　　　　］

［　　　　　　　］

Ⓑ〔　　　　　　　〕地域での農業

（　　　）に（　　　　　　）

を使った早づくりさいばい。

〈作物〉 ［　　　　　　　］

［　　　　　　　］

Ⓒ〔　　　　　　　〕地域での農業

（　　　　　　　）の近くなので、新せんな野菜やたまごなどを早くとどけられる。

〈農業〉
近郊（きんこう）
あたたかい
すずしい

〈説明〉
冬　　大都市
ビニールハウス
夏　　高原野菜

〈野菜〉
ピーマン　レタス
キャベツ　なす

学びのディープポイント! 野菜やくだものづくりでは、あたたかい気候とすずしい気候や大都市への近さなどの特ちょうを生かすことで、いろいろな作物がつくられているよ。

2 図中のⒶ・Ⓑ・Ⓒの各地域では、気候や地形を生かしたくだものづくりを行っています。〔 〕に気候、▢に県名、（ ）にくだものの名前を ⌜ ⌟ から選んで答えましょう。（県名は2回使うものもあります）

Ⓐ〔　　　　　　　　　〕気候

（日あたりのよい山のしゃ面）

オ	県	カ	県
キ	県	（　　　　）	

Ⓑ〔　　　　　　　　　〕気候

ア	県
ウ	県

（　　　　）

Ⓒ〔　　　　　　　　　〕が大きい
気候（水はけがよい）

① | エ | 県 | イ | 県 |
|---|---|---|---|

（　　　　）

② | エ | 県 | ウ | 県 |
|---|---|---|---|

（　　　　）

〈気候〉

昼夜の気温差
あたたかい　　すずしい

〈県名〉

青森　　熊本　　福島
山梨　　和歌山
愛媛　　長野

〈くだもの〉

ぶどう　　りんご
みかん　　もも

野菜・くだもの・ちく産のさかんな地域

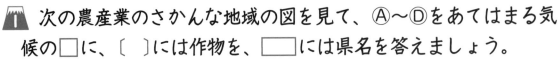

🗻 次の農産業のさかんな地域の図を見て、Ⓐ〜Ⓓをあてはまる気候の□に、〔 〕には作物を、☐☐には県名を答えましょう。

野菜づくり

① 〈すずしい気候〉 □

〔　　　　　　〕〔　　　　　　〕

| ㋐　　　　　　　県 | ㋑　　　　　　　県 |

② 〈あたたかい気候〉 □

〔　　　　　　〕〔　　　　　　〕

| ㋒　　　　　　　県 | ㋓　　　　　　　県 |

くだものづくり

③ 〈すずしい気候〉 □

〔　　　　　　〕

| ㋔　　　　　　　県 | ㋕　　　　　　　県 |

④ 〈あたたかい気候〉 □

〔　　　　　　〕

| ㋖　　　　　　　県 | ㋗　　　　　　　県 |

〈作物〉　みかん　りんご　ピーマン　キャベツ　レタス　なす

〈県名〉　青森　和歌山　長野　高知　群馬　宮崎　愛媛

2 次の地図を見て、それぞれの家ちくを育てているベスト３の都道府県名を ⌐ ¬ から選んで答えましょう。（２回使う県名もあります）

① 乳牛（にゅうぎゅう）

	都道府県名
1位	
2位	
3位	

② 肉牛

	都道府県名
1位	
2位	
3位	

（『日本国勢図会 2019/20』より作成）

③ ぶた

	都道府県名
1位	
2位	
3位	

④ にわとり（たまご）

	都道府県名
1位	
2位	
3位	

北海道
熊本県
鹿児島県
茨城県
宮崎県
千葉県
栃木県

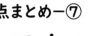

ジャンプ

日本の農産業（野菜・くだもの・ちく産）

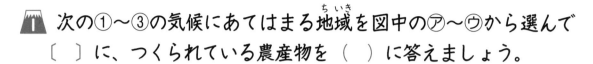

1 次の①〜③の気候にあてはまる地域（ちいき）を図中の㋐〜㋒から選んで〔　〕に、つくられている農産物を（　）に答えましょう。

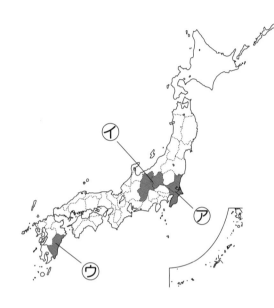

① 冬でもあたたかい気候の地域

〔　　〕（　　　　　　）

② 夏でもすずしい気候の地域

〔　　〕（　　　　　　）

③ 大都市の近くの地域

〔　　〕（　　　　　　）

キャベツ　　たまご　　ピーマン

2 次の表は、くだものの生産量が多い県を表しています。地図中の①〜④の県名を答えましょう。

	りんご	みかん	ぶどう
1	青森県	和歌山県	④
2	①	③	①
3	山形県	熊本県	山形県
4	②	静岡県	岡山県

（『日本国勢図会　2019/20』より作成）

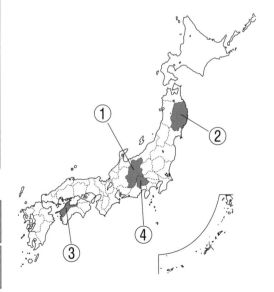

①		②	
③		④	

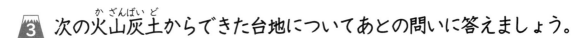

3 次の火山灰土(かざんばいど)からできた台地についてあとの問いに答えましょう。

(1) ⒶとⒷの台地の名前を答えましょう。

Ⓐ	台地
Ⓑ	台地

┌┄┄┄┄┄┄┄┄┄┄┄┄┄┄┄┐
┆　シラス　　根釧(こんせん)　┆
└┄┄┄┄┄┄┄┄┄┄┄┄┄┄┄┘

(2) (1)での農業について、( )にあてはまる言葉を┆┄┆から選んで答えましょう。

Ⓐ台地

　火山灰土の土地は(① 　　　　　)には適(てき)さないが(② 　　　　　)土地を生かして、ここでつくられる(③ 　　　　　)をえさにした(④ 　　　　　)などのちく産がさかん。

Ⓑ台地

　夏でもすずしいが、(① 　　　　　)すぎて(② 　　　　　)もできず、(③ 　　　　　)になっているが、これらを生かして、暑さに弱い(④ 　　　　　)の飼育(しいく)がさかん。

Ⓐ ┆さつまいも　広い　ぶた　米づくり┆

Ⓑ ┆乳牛(にゅうぎゅう)　草地　低温　畑作┆

— 49 —

日本の農産業（野菜・くだもの・ちく産）

🗻 次の場所の特ちょうにあてはまるように、表を完成させましょう。

〈野菜〉 〈くだもの〉

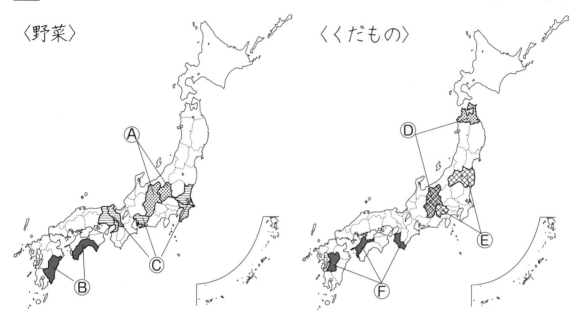

地域の特ちょう	記号	野菜	記号	くだもの
冬でもあたたかい気候				
夏でもすずしい気候				
大都市の近く（近郊）				
昼夜の寒暖差が大きい				

キャベツ　　はくさい　　ピーマン
もも　　　　りんご　　　みかん

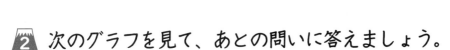

学習日 [／]

2 次のグラフを見て、あとの問いに答えましょう。

〈農産物の種類別の生産額〉

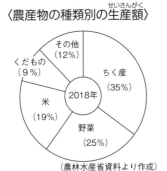

（農林水産省資料より作成）

〈農産物の都道府県別農業生産額〉

(2018年)

（米）	新潟(9%)	㋐(7%)	秋田(6%)	㋑(5%)	宮城(5%)	その他
（A）	㋐(10%)	㋒(8%)	千葉(7%)	熊本(6%)	愛知(5%)	その他
（B）	青森(10%)	㋓(9%)	㋑(9%)	長野(9%)	愛媛(8%)	その他
（C）	㋐(22%)		㋔(9%)	宮崎(7%)	岩手(5%) 千葉(4%)	その他

（農林水産省資料より作成）

(1) 農産物の種類別の生産額の割合が多い順に答えましょう。

1位（　　　　　）　　2位（　　　　　）

(2) 農産物の都道府県別農業生産額のグラフを見ましょう。

① グラフの㋐〜㋒にあてはまる農産物を選んで（ ）に答えましょう。

Ⓐ（　　　　　）　Ⓑ（　　　　　）　Ⓒ（　　　　　）

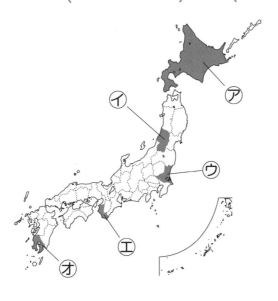

② ㋐〜㋔にあてはまる都道府県名を答えましょう。

㋐	
㋑	
㋒	
㋓	
㋔	

— 51 —

⑤ イメージマップ 日本の水産業

次のうすく書かれた言葉をなぞりましょう。

☆ 海流とおもな漁港の水あげ量

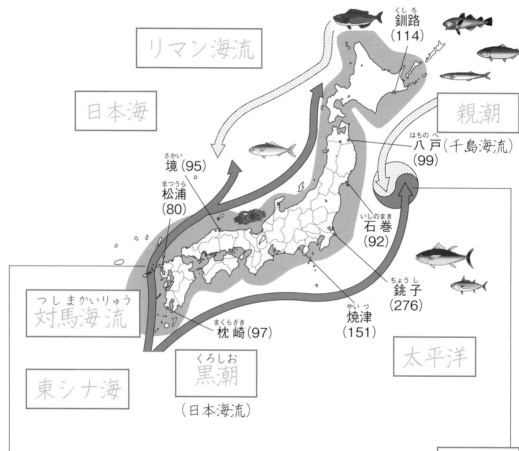

オホーツク海

リマン海流

日本海

親潮

釧路（114）

八戸（千島海流）（99）

境（95）

松浦（80）

石巻（92）

銚子（276）

焼津（151）

枕崎（97）

対馬海流

黒潮（日本海流）

東シナ海

太平洋

大陸だな

（寒流と暖流のぶつかるところ）

潮目

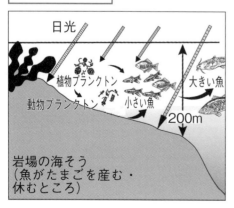

日光
植物プランクトン
動物プランクトン
小さい魚
大きい魚
200m
岩場の海そう
（魚がたまごを産む・休むところ）

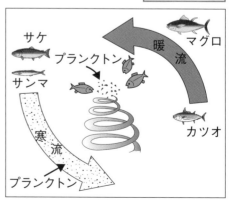

サケ
サンマ
プランクトン
暖流
マグロ
カツオ
寒流
プランクトン

☆とる漁業

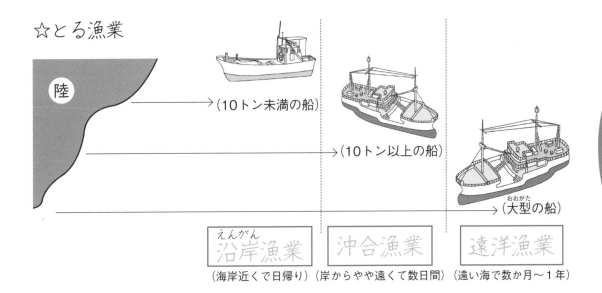

陸

→（10トン未満の船）

→（10トン以上の船）

→（大型の船）

沿岸漁業	沖合漁業	遠洋漁業
（海岸近くで日帰り）	（岸からやや遠くて数日間）	（遠い海で数か月〜1年）

☆つくり・育てる漁業

養しょく業

（いけすの中で育てて出荷）

さいばい漁業

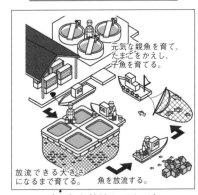

元気な親魚を育て、たまごをかえし、子魚を育てる。

放流できる大きさになるまで育てる。　魚を放流する。

（ち魚を放流してとる）

☆漁業別の水あげ量の変化

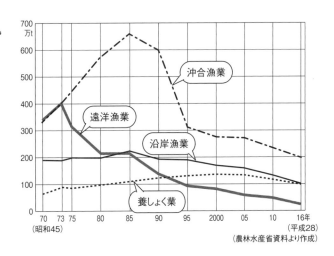

（農林水産省資料より作成）

ステップ

水産業のさかんな地域

1 次の地図を見て、あとの問いに答えましょう。

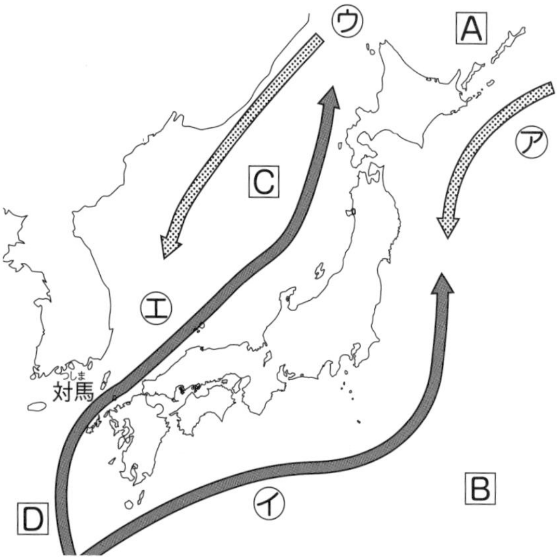

(1) [A]～[D]の海の名前を[ ]から選んで答えましょう。

	海の名前
[A]	
[B]	
[C]	
[D]	

太平洋　東シナ海　日本海　オホーツク海

(2) ㋐～㋓の海流の名前を[ ]から選んで暖流(だんりゅう)と寒流に分けて答えましょう。

	記号	海流名	記号	海流名
暖流				
寒流				

黒潮(くろしお)　親潮　リマン海流　対馬海流

(3) 水あげされた魚は漁港で、売り手が買い手どうしを競わせてねだんと買い手を決めています。この仕組みの名前に○をつけましょう。

(　　)かい　(　　)うり　(　　)せり

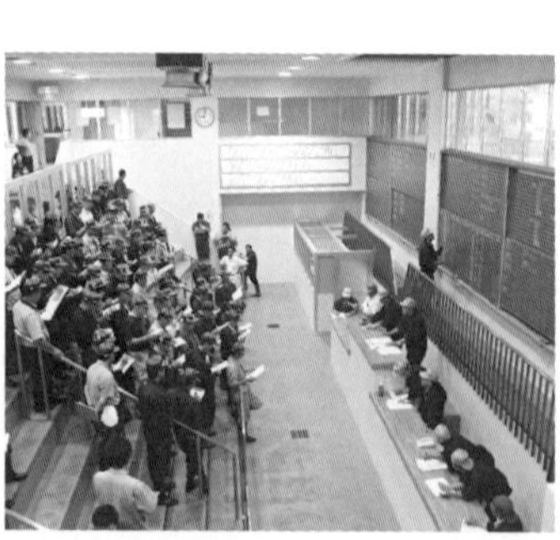

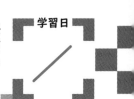

学びのディープポイント！ 暖流はまわりの海水の温度より高い海水の流れで、寒流はまわりの海水の温度より低い海水の流れのことだよ。４つの海流が近くを流れている日本では、さまざまな海から魚やプランクトンなどが集まり、水産資源を豊富にしてくれているよ。

学習日　／

2 次の地図を見て、あとの問いに答えましょう。

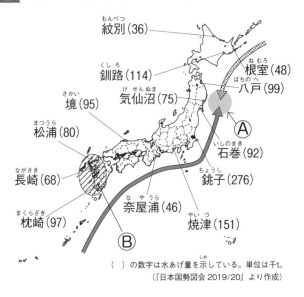

紋別(36)
根室(48)
釧路(114)
八戸(99)
気仙沼(75)
境(95)
松浦(80)
Ⓐ
石巻(92)
長崎(68)
銚子(276)
奈屋浦(46)
枕崎(97)
焼津(151)
Ⓑ

（　）の数字は水あげ量を示している。単位は千t。
（『日本国勢図会 2019/20』より作成）

(1) 水あげ量が多い順に漁港を5つ答えましょう。

1位	
2位	
3位	
4位	
5位	

(2) 次の図は、漁港の集まるⒶとⒷのどちらかと関係しています。□にはⒶかⒷを、〔　〕には大陸だなか潮目を書きましょう。また、（　）にあてはまる言葉を答えましょう。

①

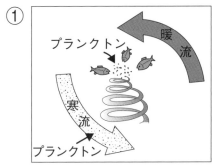

暖流
プランクトン
寒流
プランクトン

□〔　　　　〕

豊富な（㋐　　　　）を求めて、暖流と（㋑　　　）の魚が集まる。

②

日光
植物プランクトン
動物プランクトン
小さい魚
大きい魚
200m
岩場の海そう
(魚がたまごを産む・
休むところ)

□〔　　　　〕

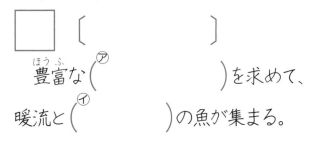

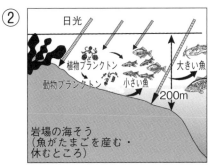

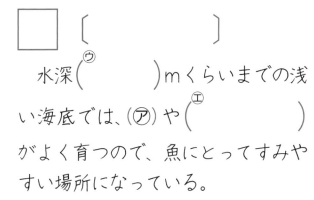

水深（㋒　　　）mくらいまでの浅い海底では、（㋐）や（㋓　　　）がよく育つので、魚にとってすみやすい場所になっている。

漁業の種類とその特ちょう

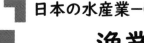

次の船は、どの漁業の種類を表していますか。〔　〕には名前を[　　]から選んで答え、関係する文を線で結びましょう。

①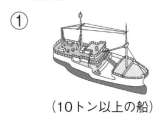

（10トン以上の船）

〔　　　　　　〕漁業

・

②

（10トン未満の船）

〔　　　　　　〕漁業

・

③

（大型（おおがた）の船）

〔　　　　　　〕漁業

・

・　　　　　　　　・　　　　　　　　・

㋐　数ヶ月から１年かけ、遠くの海まで行って漁をする。

㋑　海岸から近いところで、日帰りで漁をする。

㋒　海岸からやや遠いところで、数日かけて漁をする。

┌─────────────────┐
│　沖合　　沿岸（えんがん）　　遠洋　│
└─────────────────┘

2 次の図は、育てる漁業の「養しょく業」と「さいばい漁業」のどちらを表していますか。（　）に答えましょう。

㋐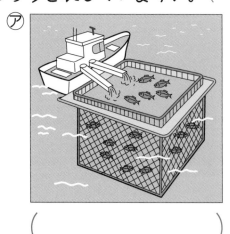

㋑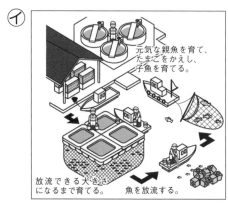

元気な親魚を育て、たまごをかえし、子魚を育てる。

放流できる大きさになるまで育てる。　　魚を放流する。

（　　　　　　　　）　　　　　（　　　　　　　　）

学習日

3 次のグラフを見て、あとの問いに答えましょう。

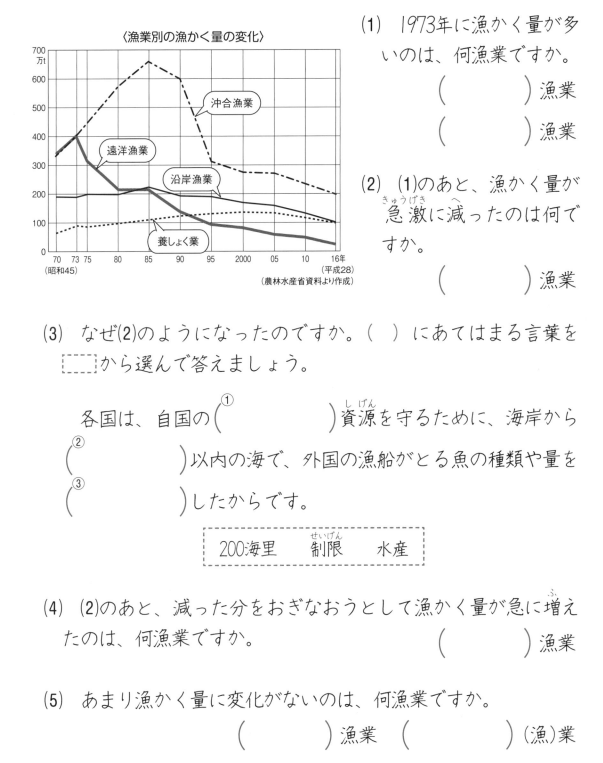

〈漁業別の漁かく量の変化〉

（農林水産省資料より作成）

(1) 1973年に漁かく量が多いのは、何漁業ですか。

（　　　　　）漁業

（　　　　　）漁業

(2) (1)のあと、漁かく量が急激に減ったのは何ですか。

（　　　　　）漁業

(3) なぜ(2)のようになったのですか。（　）にあてはまる言葉を
[　　]から選んで答えましょう。

各国は、自国の（①　　　　　）資源を守るために、海岸から
（②　　　　　）以内の海で、外国の漁船がとる魚の種類や量を
（③　　　　　）したからです。

┌──────────────────────┐
│ 200海里　　制限　　水産 │
└──────────────────────┘

(4) (2)のあと、減った分をおぎなおうとして漁かく量が急に増え
たのは、何漁業ですか。　　　　　　　　　　（　　　　　）漁業

(5) あまり漁かく量に変化がないのは、何漁業ですか。

（　　　　　）漁業　（　　　　　）（漁）業

日本の水産業

1 次の地図を見て、あとの問いに答えましょう。

〈おもな漁港の水あげ量〉
(2016年)［単位：千t］

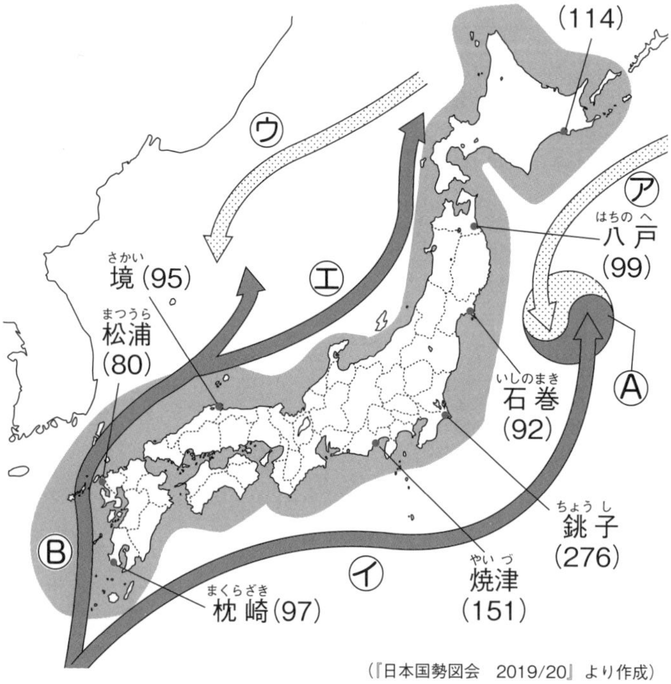

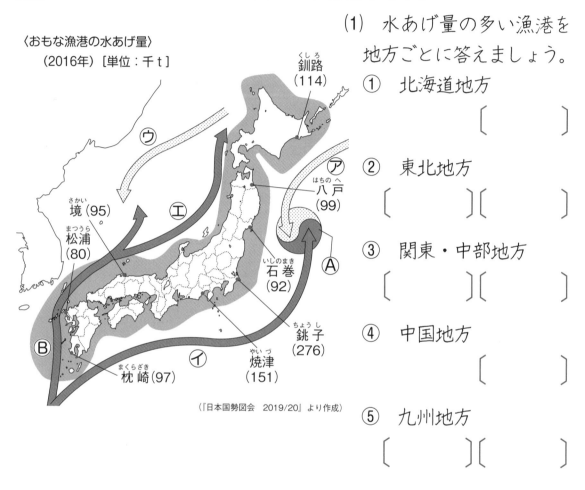

釧路(くしろ)
(114)
八戸(はちのへ)
(99)
石巻(いしのまき)
(92)
銚子(ちょうし)
(276)
焼津(やいづ)
(151)
枕崎(まくらざき)(97)
松浦(まつうら)
(80)
境(さかい)(95)
㋐
㋑
㋒
㋓
Ⓐ
Ⓑ

(『日本国勢図会　2019/20』より作成)

(1) 水あげ量の多い漁港を地方ごとに答えましょう。

① 北海道地方
〔　　　　〕

② 東北地方
〔　　　　〕〔　　　　〕

③ 関東・中部地方
〔　　　　〕〔　　　　〕

④ 中国地方
〔　　　　〕

⑤ 九州地方
〔　　　　〕〔　　　　〕

(2) 図中の㋐～㋓、Ⓐ・Ⓑの名前を［　　］から選んで答えましょう。

海流	㋐		㋑	
	㋒		㋓	
言葉	Ⓐ		Ⓑ	

対馬(つしま)海流　リマン海流　潮目(しおめ)
黒潮　親潮　大陸だな

2 潮目と大陸だなの図は、㋐と㋑のどちらですか。〔 〕に答えましょう。なぜそこが豊かな漁場になるのかを、図を見て（ ）にあてはまる言葉を答えましょう。

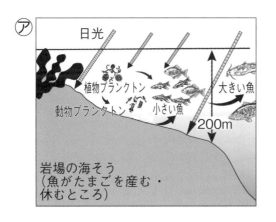

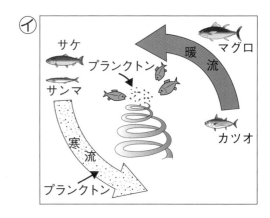

Ⓐ 潮目の図……〔　　　　　〕

（①　　　　　　　）の親潮が（②　　　　　　　）の黒潮の下にもぐりこむとうずがおこり、（③　　　　　　　）がたくさん発生します。すると、それを食べに寒流と暖流（だんりゅう）の魚がたくさん集まってくるからです。

Ⓑ 大陸だなの図……〔　　　　　〕

水の深さが（①　　　　　）mまでの浅い海は、太陽の光がよくとどくので、（②　　　　　　　）のえさとなるプランクトンがたくさん発生し、かくれがになる（③　　　　　　　）もよく育ちます。すると、それを食べる（④　　　　　　　）がやってくるからです。

— 59 —

日本の水産業

　次のグラフを見て、あとの問いに答えましょう。

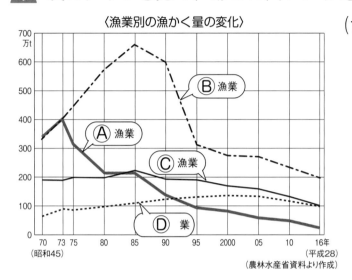

〈漁業別の漁かく量の変化〉

(農林水産省資料より作成)

(1) グラフの④～①の漁業の名前を _____ から選んで答えましょう。

④ [　　　　　]漁業

⑧ [　　　　　]漁業

© [　　　　　]漁業

① [　　　　　]業

┌─────────────────────────┐
養しょく　　沖合　　遠洋　　沿岸
└─────────────────────────┘

(2) 1973年からの漁かく量の変化について、（　）にあてはまる言葉を _____ から選んで答えましょう。

① ④漁業の漁かく量が急激に減ったのは、世界の国々が、自国の（ ㋐　　　　　）資源を守るために、海岸から（ ㋑　　　　　）の水域の漁を（ ㋒　　　　　）したからです。

┌─────────────────────────┐
200海里　　制限　　水産
└─────────────────────────┘

② ⑧漁業の漁かく量が急激に増えて、その後減ったのは、④漁業の漁かく量が減ってきたので、その分をおぎなおうと増やしたが、漁場が（ ㋐　　　　　）たり、魚を（ ㋑　　　　　）たりしたのと、外国から（ ㋒　　　　　）魚が輸入されたからです。

┌─────────────────────────┐
安い　　とりすぎ　　よごれ
└─────────────────────────┘

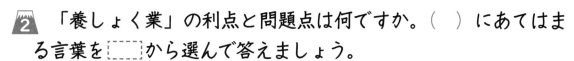

2 「養しょく業」の利点と問題点は何ですか。（　）にあてはまる言葉を［　］から選んで答えましょう。

利点	① 魚を（　　　　）的に出荷できる。 ② （　　　　）が安定する。
問題点	① えさ代が（　　　　）つく。 ② （　　　　）が発生して、魚が死ぬことがある。

［高く　しゅう入　赤潮（あかしお）　計画］

3 ㋐～㋒が何の養しょくを表しているか［　］から選んで答えましょう。

㋐

青森
（56%）
北海道
（38%）
その他
〔　　　　〕

㋑
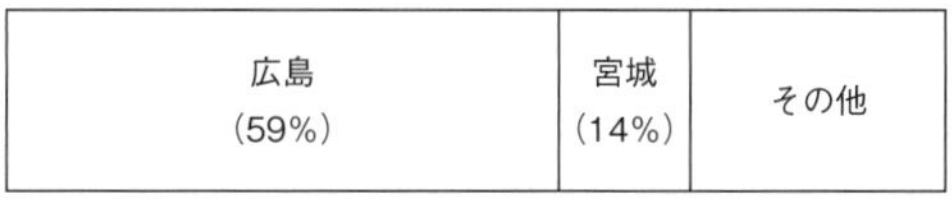
広島
（59%）
宮城
（14%）
その他
〔　　　　〕

㋒

宮城
（37%）
岩手
（37%）
その他
〔　　　　〕

（『日本国勢図会　2019/20』より作成）

［カキ　わかめ　ほたて貝］

4 日本が水産資源を守るためにしている文２つに○をつけましょう。

① （　） 日本の水産資源をとらないで、外国から輸入する。

② （　） 魚をたくさんとって、かんづめなどに保管（ほかん）しておく。

③ （　） 水産資源のとり方やとる量などを考えて、漁業する。

④ （　） 海を豊（ゆた）かにするために、森や山に植林をする。

⑥ イメージマップ▶ 日本の食生活と食料生産

🗻 次のうすく書かれた言葉をなぞりましょう。

☆ 食生活の変化と食料自給率

〈1960年ごろの食事の例〉

〈現代の食事の例〉

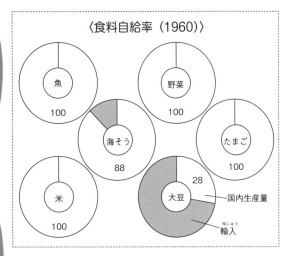

〈食料自給率（1960）〉

魚 100
野菜 100
海そう 88
たまご 100
米 100
大豆 28 ── 国内生産量
輸入

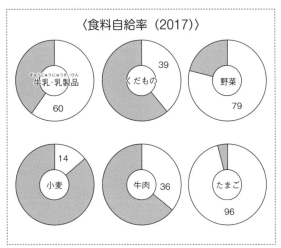

〈食料自給率（2017）〉

牛乳・乳製品 60
くだもの 39
野菜 79
小麦 14
牛肉 36
たまご 96

（『食料需給表 平成29年版』より作成）

☆ 食料自給率と食料品別輸入量

〈日本の食料自給率の移り変わり〉

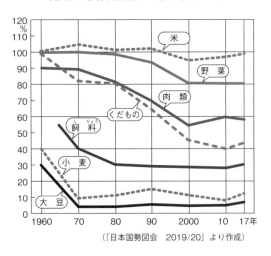

（『日本国勢図会 2019/20』より作成）

〈食料品別の輸入量の変化〉

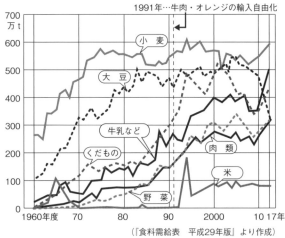

（『食料需給表 平成29年版』より作成）

— 62 —

☆　各国の食料自給率の変化

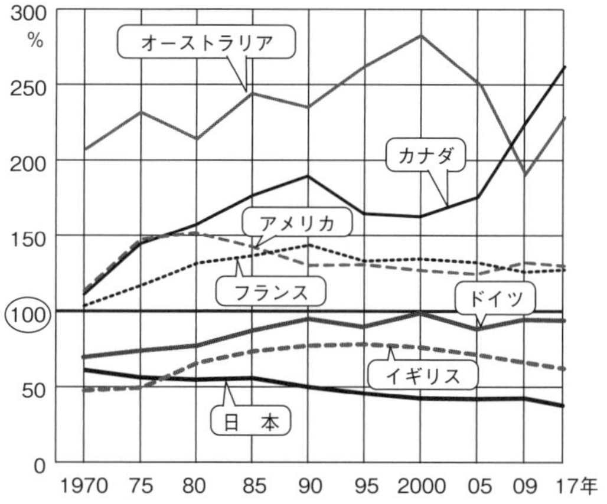
300
%
250
200
150
100
50
0
1970
75
80
85
90
95
2000
05
09
17年
オーストラリア
カナダ
アメリカ
フランス
ドイツ
イギリス
日本

（『食料需給表　平成29年版』より作成）

（おもな国の中で
自給率が約50%ほど
しかない国）

↓

[日本]・[イギリス]

☆　食料自給率を高めるための取り組み

〈天ぷらそばから見る日本の食料自給率〉

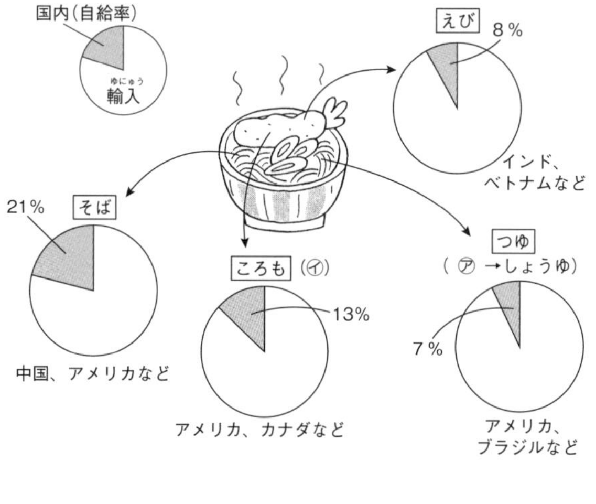
国内（自給率）
輸入
えび
8%
インド、
ベトナムなど
21%
そば
中国、アメリカなど
ころも　(イ)
13%
アメリカ、カナダなど
つゆ
（ (ア) →しょうゆ）
7%
アメリカ、
ブラジルなど

[地産地消]

地域で生産したものを
地域で消費すること。

[安全・安心]

・生産者の顔が見える
（名前を示す）
・有機減農薬農法
（アイガモ農法など）

ステップ

食生活の変化と食料生産の関係

🗻 次の図は、1960年ごろと現代(げんだい)の食事を表した図と、それぞれの食料の自給率(じきゅうりつ)を表したグラフです。あとの問いに答えましょう。

〈1960年ごろの食事の例〉

〈現代の食事の例〉

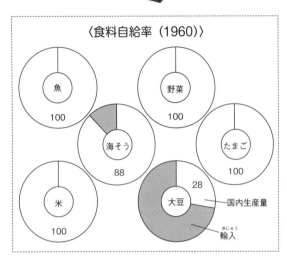

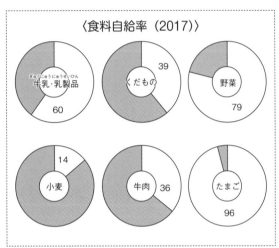

(「食料需給表 平成29年版」より作成)

(1) 1960年ごろの食事で、国内産100%の食べ物は何ですか。

( ) ( ) ( ) ( )

(2) 昔と現代をくらべて、次の食べ物の代わりに、何を食べることが多くなりましたか。

① ごはん→( )　　② 魚 →( )

(3) 現代の食事で、自給率が一番高いものは何ですか。

( )

(4) グラフの中で、70%以上を輸入にたよっている原料は何ですか。

( ) ( )

学びのディープポイント！ 昔にくらべて洋食が増えたため、パンや肉の消費量が増えているよ。でも、それらの食料は国内自給率が減っていて、輸入量は増えているんだ。それ以外もくだものや乳製品などの輸入量が増えていて、日本が輸入に頼っていることがわかるね。

2 次のグラフを見て、あとの問いに答えましょう。

〈日本の食料自給率の移り変わり〉

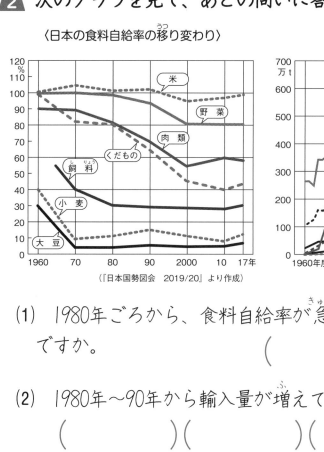

（『日本国勢図会　2019/20』より作成）

〈食料品別の輸入量の変化〉

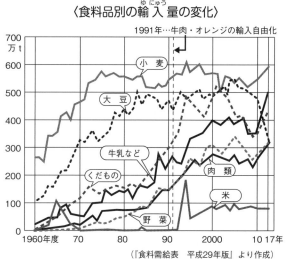

（『食料需給表　平成29年版』より作成）

(1) 1980年ごろから、食料自給率が急激に下がっているものは何ですか。
（　　　　　）（　　　　　）

(2) 1980年〜90年から輸入量が増えているものは、何ですか。
（　　　　）（　　　　　）（　　　　　）（　　　　　）

(3) (1)・(2)からわかることと、問題点を　　　から選んで答えましょう。

① 自給率が（　　　　　）ものは、輸入量が（　　　　　）。

② ねだんの（　　　　　）外国産の食料が増えると、国内産のものが（　　　　）なる。

③ 輸入相手国が（　　　　　）などになると、食料が（　　　）できなくなる。

　　売れなく　　低い　　安い　　多い　　安全　　不作　　輸入

これからの食料生産

📔 日本とアメリカの農業のちがいを、次の図を見て答えましょう。

〈日本とアメリカの農業〉

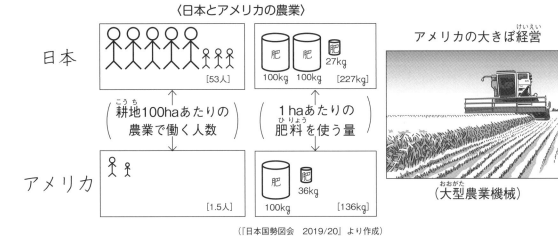

（『日本国勢図会　2019/20』より作成）

(1) 農業で働いている人数と肥料を使用量を表にまとめて、日本とアメリカでくらべましょう。

	働いている人数 (100haあたり)	肥料の量 （1haあたり）
日本	人	kg
アメリカ	人	kg

(2) 次の（　）にあてはまる言葉を［］から選んで答えましょう。

　アメリカなど耕地の（①　　　　）国は、（②　　　　）の農業機械を使うので、働く人が（③　　　　）ても、たくさんの農産物をつくれます。だから、農産物のねだんが（④　　　　）、食料自給率も（⑤　　　　）なります。

┌──────────────────────────┐
安く　少なく　高く　大型　広い
└──────────────────────────┘

学びのディープポイント! ねだんの安い外国産が国内に入ってきている
ね。すると国内産の物が売れなくなってくるので、いろいろな取り組みをしてい
るよ。ただ、輸入品があることで、時期のちがう野菜も店頭にならべられるんだ。
日本の食が豊かなのは、そういった輸入品にも支えられていることがわかるね。

2 次のグラフを見て、国産と外国産の食料をくらべて答えましょう。

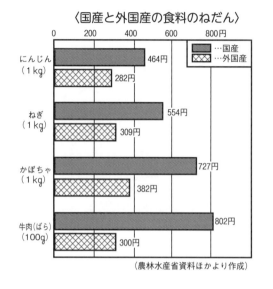

〈国産と外国産の食料のねだん〉

…国産
…外国産

にんじん(1kg) 464円 / 282円
ねぎ(1kg) 554円 / 309円
かぼちゃ(1kg) 727円 / 382円
牛肉(ばら)(100g) 802円 / 300円

(農林水産省資料ほかより作成)

(1) 国産と外国産でねだんが一番
ちがう食料は、何ですか。

（　　　　　　　）

(2) (1)の食料で、国産は外国産の
約何倍ですか。

国産は、外国産の

約（　　　　　　　）倍

(3) 外国産の野菜のねだんは、国産の約何分の1のねだんですか。

約（　　　　　　　）

3 食料自給率を高めるために、どのような取り組みをしたらいい
ですか。（　）にあてはまる言葉を〔　〕から選んで答えましょう。

① （　　　　　　　　　）……地元でとれた食料を地元で食
べる。

② （　　　　　　　　　）……農薬や化学肥料の使用量を減
らして、たい肥などを使う有
機農業など。

③ （　　　　　　　　　）……消費者の要求にあうおいしい米
づくり。

地産地消　安全・安心な食料生産　ブランド米の開発

ジャンプ

日本の食生活と食料生産

🗻 天ぷらそばから、今の日本の食料事情を考えましょう。

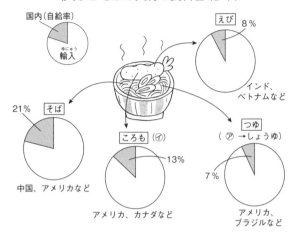

〈天ぷらそばの具材の食料自給率(じきゅうりつ)〉

国内(自給率)
輸入(ゆにゅう)

えび 8％
インド、ベトナムなど

そば 21％
中国、アメリカなど

ころも（イ）13％
アメリカ、カナダなど

つゆ（ア→しょうゆ）7％
アメリカ、ブラジルなど

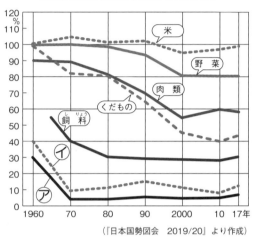

〈日本の食料自給率の移り変わり〉

米
野菜
肉類
くだもの
飼料(しりょう)
イ
ア

1960 70 80 90 2000 10 17年

(『日本国勢図会 2019/20』より作成)

(1) 上の図を見て次の表にまとめましょう。

	自給率	輸入相手国
えび	％	
そば	％	
ころも	％	
つゆ	％	

(2) つゆところもの原料⑦と⑦の名前を答えましょう。

① つゆの原料（⑦　　　　　）　② ころもの原料（⑦　　　　　）

⑦が原料の食料

（とうふ）　（みそ）

⑦が原料の食料

（パン）　（うどん）

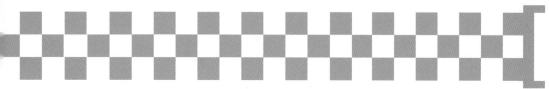

2 次のグラフから食料自給率が低いことの問題点を答えましょう。

〈世界の人口の移り変わり〉

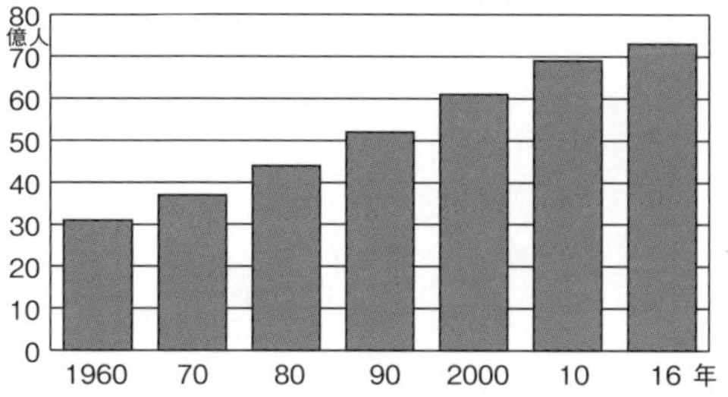

（『世界の統計 2017』より作成）

〈世界の耕地（こうち）面積の移り変わり〉

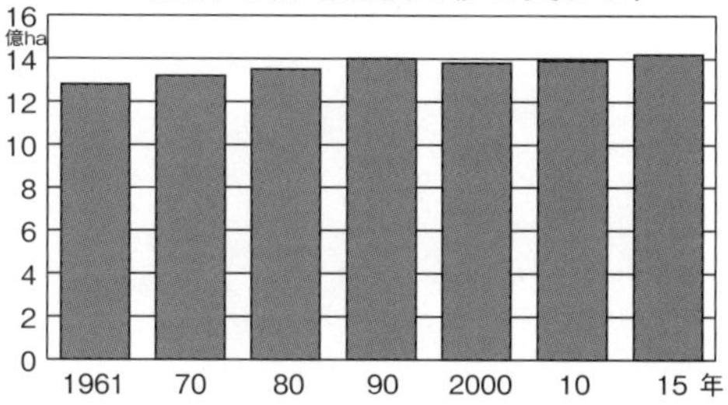

（『FAO 資料』より作成）

(1) 次の文が正しくなるように（　）の中の記号に○をつけましょう。

世界の人口は（㋐増（ふ）えている　㋑減（へ）っている　㋒あまり変わらない）のに、耕地面積は（㋐増えている　㋑減っている　㋒あまり変わらない）。そのため農作物が（㋐十分足りる　㋑不足する）と考えられる。

(2) (1)のことから、これからの食料生産をどう考えるとよいですか。正しい文2つに○をつけましょう。

① （　） 自給率の高い国から、これからも大量に輸入するのがよい。

② （　） ねだんの安い外国産にいつまでもたよるのがよい。

③ （　） 国内の生産量を増やせるように、地元で生産されたものを地元で食べるのがよい。

④ （　） 食べられる食料が、期限（きげん）切れなどでむだにすてられないようにするのがよい。

日本の食生活と食料生産

🗻 次の図は、日本の食料自給率を表しています。あとの問いに
答えましょう。

〈国産品だけで作った食事〉

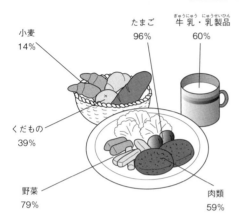

小麦 14%
たまご 96%
牛乳・乳製品 60%
くだもの 39%
野菜 79%
肉類 59%

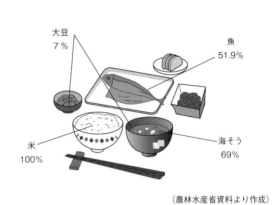

大豆 7%
魚 51.9%
米 100%
海そう 69%

（農林水産省資料より作成）

(1) 食料自給率が高い食料（80%以上）は何ですか。

（　　　　　　　）（　　　　　　　　）

(2) 食料自給率が低い食料（50%以下）は何ですか。

（　　　　　　）（　　　　　　　）（　　　　　　）

(3) 食料自給率が低くなっている理由として、（　）にあてはま
る言葉を　　　から選んで答えましょう。

① 食事が、和食から（　　　　　　　）になってきた。

② 牛肉・オレンジなどの輸入（　　　　　　）化が行われたから。

③ （　　　　　　　）外国産と、食料を（　　　　　　）する技術が発

達したので、多く（　　　　　　　）されてきたから。

　　　自由　　輸入　　冷とう　　洋食　　安い

― 70 ―

2 次の図は、国内産のみで1日食事をしたときのメニューです。あとの問いに答えましょう。

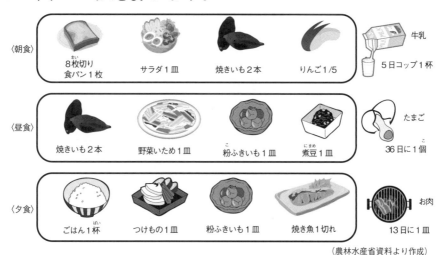

〈朝食〉 8枚切り 食パン1枚　サラダ1皿　焼きいも2本　りんご1/5　牛乳 5日コップ1杯

〈昼食〉 焼きいも2本　野菜いため1皿　粉ふきいも1皿　煮豆1皿　たまご 36日に1個

〈夕食〉 ごはん1杯　つけもの1皿　粉ふきいも1皿　焼き魚1切れ　お肉 13日に1皿

（農林水産省資料より作成）

(1) 1日に2回食べている物は何ですか。

（　　　　　　　）（　　　　　　　）

(2) これからの日本の食料自給率を上げる取り組みについて、（　）にあてはまる言葉を____から選んで答えましょう。

① （　　　　　　）

　その地元の食料はその地元で食べる。

② 安全・安心な食べ物

　㋐ （　　　　　）や化学肥料をできるだけ使わない。

　㋑ 生産者の（　　　　　）がわかる。

③ 自給率を1％上げる方法

　㋐ ごはんを1日に（　　）多く食べる。

　㋑ 国産大豆100％のとうふを、月にもう（　　）多く食べる。

農薬
名前
2丁
1口
地産地消

7 イメージマップ 日本の工業生産

次のうすく書かれた言葉をなぞりましょう。

☆ 工業の種類

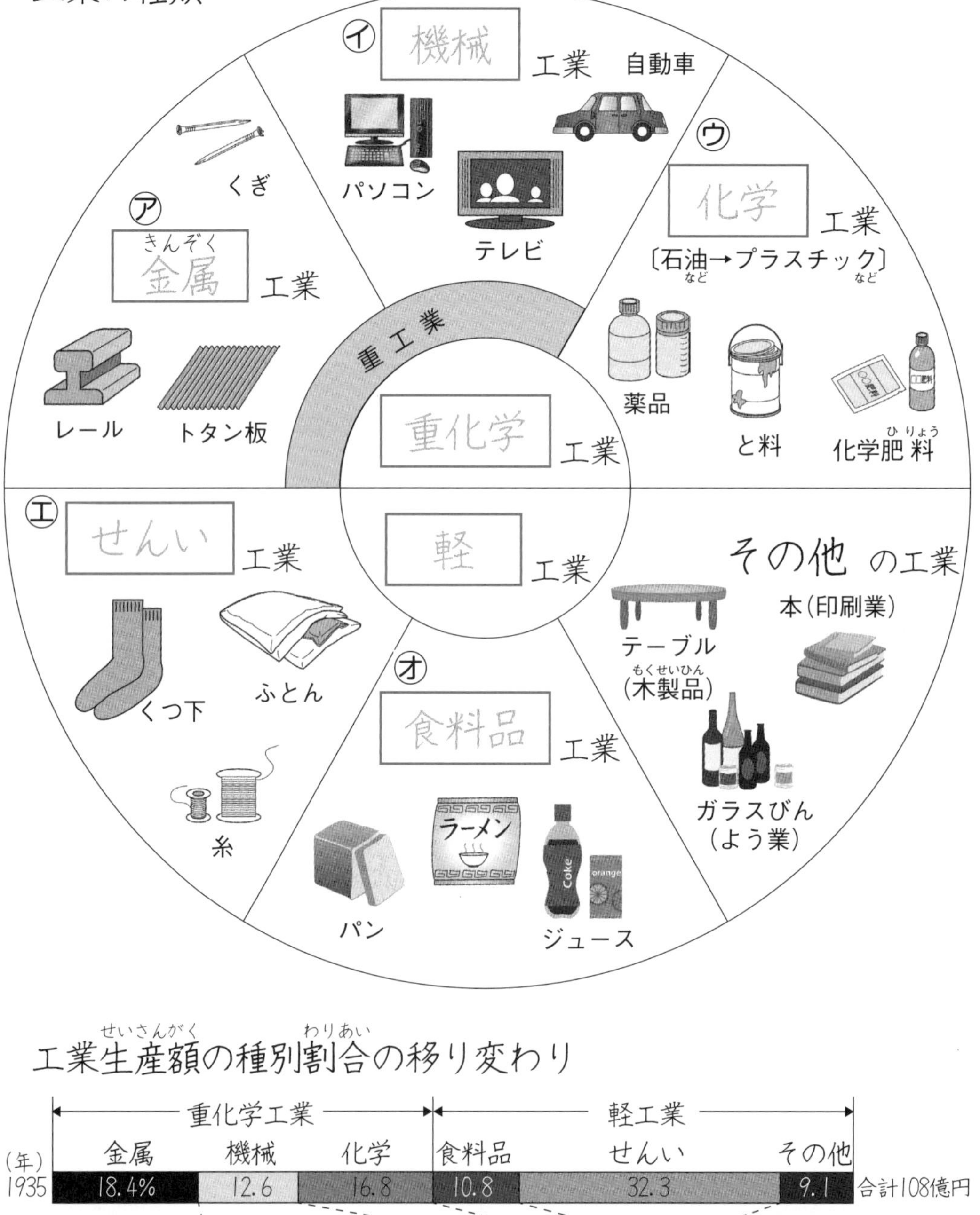

㋐ 金属（きんぞく） 工業
くぎ
レール
トタン板
㋑ 機械 工業
自動車
パソコン
テレビ
㋒ 化学 工業
〔石油（など）→プラスチック（など）〕
薬品
と料
化学肥料（ひりょう）
重工業
重化学 工業
軽 工業
㋓ せんい 工業
くつ下
ふとん
糸
㋔ 食料品 工業
パン
ラーメン
ジュース
その他 の工業
テーブル
（木製品（もくせいひん））
本（印刷業）
ガラスびん
（よう業）

☆ 工業生産額（せいさんがく）の種別割合（わりあい）の移り変わり

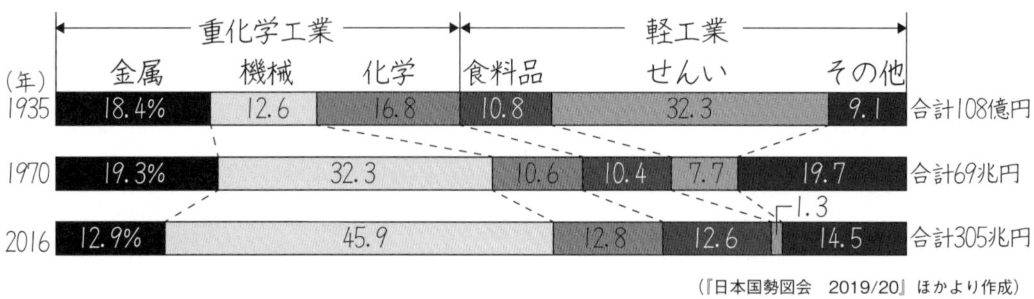

重化学工業
軽工業
金属
機械
化学
食料品
せんい
その他
（年）
1935
18.4%
12.6
16.8
10.8
32.3
9.1
合計108億円
1970
19.3%
32.3
10.6
10.4
7.7
19.7
合計69兆円
2016
12.9%
45.9
12.8
12.6
1.3
14.5
合計305兆円

（『日本国勢図会　2019/20』ほかより作成）

☆　工業のさかんな工業地帯・地域

〈三大工業地帯〉

Ⓐ　京浜（けいひん）　工業地帯

Ⓑ　中京（ちゅうきょう）　工業地帯…全国１位の生産額（2016年）

Ⓒ　阪神（はんしん）　工業地帯

Ⓓ　北九州（きたきゅうしゅう）　工業地帯〔地域（ちいき）〕

（この地の八幡製鉄所（やはたせいてつしょ）が、昔は日本の
工業の中心だった）

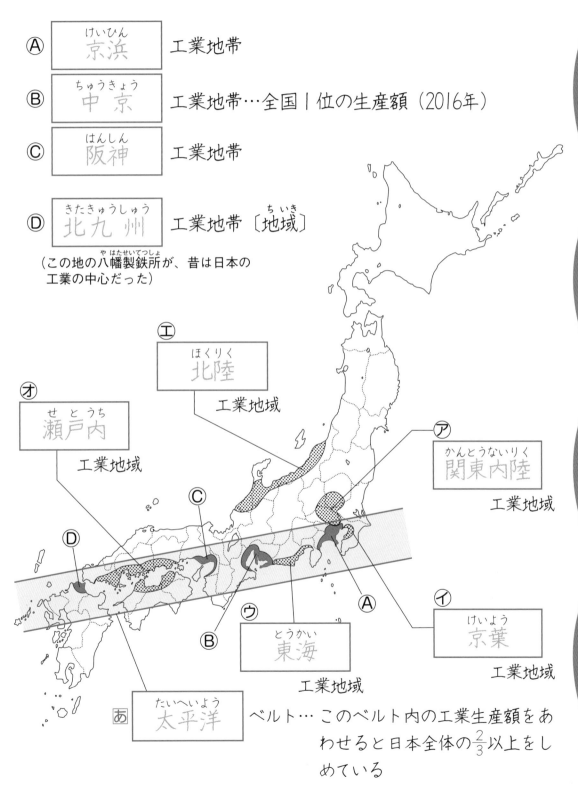

エ　北陸（ほくりく）　工業地域

オ　瀬戸内（せとうち）　工業地域

ア　関東内陸（かんとうないりく）　工業地域

ウ　東海（とうかい）　工業地域

イ　京葉（けいよう）　工業地域

あ　太平洋（たいへいよう）ベルト…このベルト内の工業生産額をあ
わせると日本全体の$\frac{2}{3}$以上をし
めている

ステップ

工業の種類とそのさかんな地域

1 次の図を見て、あとの問いに答えましょう。

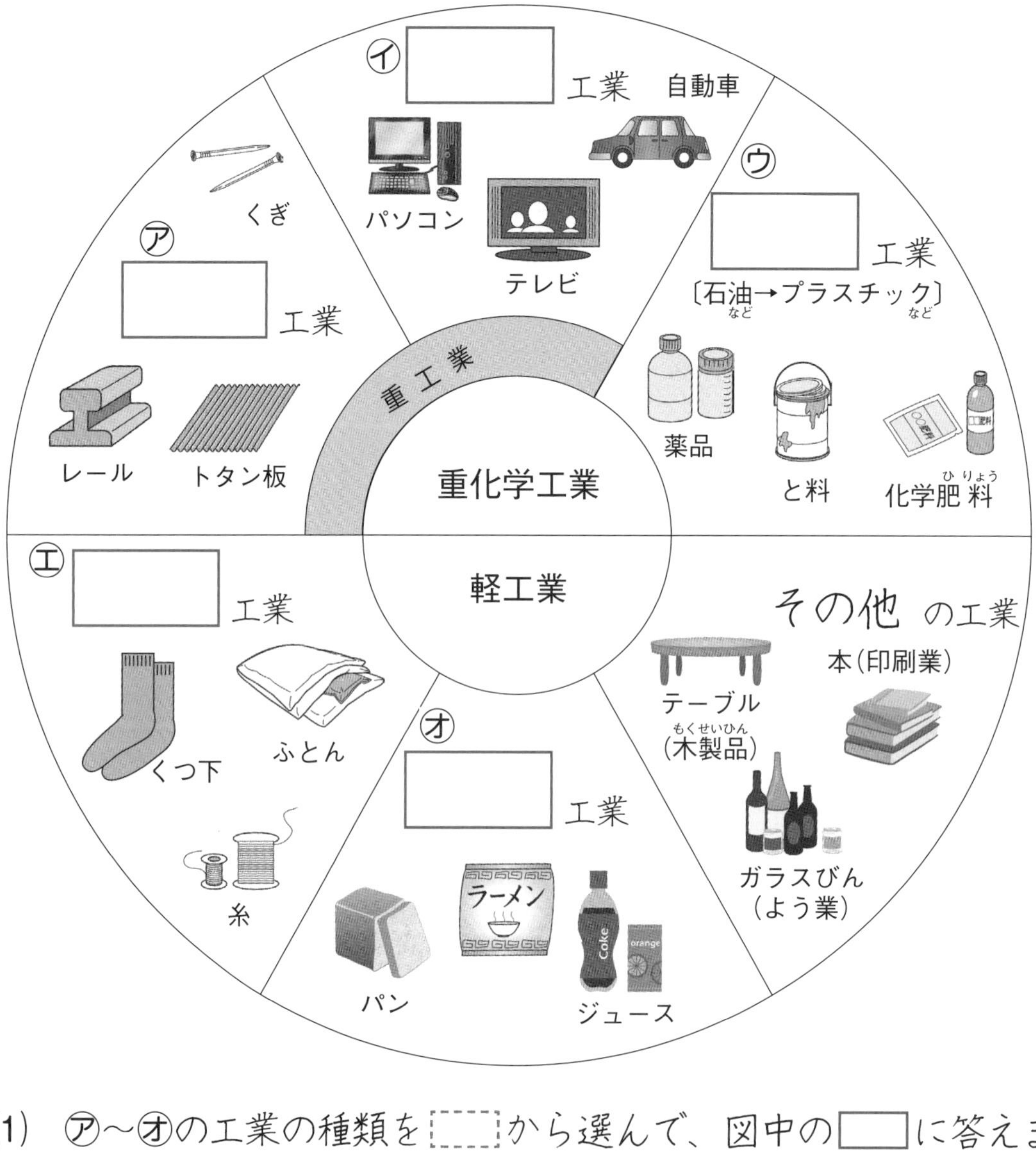

㋑ 工業 自動車
パソコン
テレビ
くぎ
㋐ 工業
レール
トタン板
重工業
重化学工業
㋒ 工業
〔石油など→プラスチックなど〕
薬品
と料
化学肥料
軽工業
㋓ 工業
くつ下
ふとん
糸
㋔ 工業
ラーメン
パン
ジュース
その他の工業
テーブル（木製品）
本（印刷業）
ガラスびん（よう業）

(1) ㋐～㋔の工業の種類を［　　］から選んで、図中の［　　］に答えましょう。

［ 食料品　　機械　　せんい　　化学　　金属 ］

(2) 次の製品は、㋐～㋔のどこに入るか記号で答えましょう。

① みそ・しょうゆ〔　　　〕　　② 合成ゴム〔　　　〕

③ 飛行機〔　　　〕　　④ アルミニウム〔　　　〕

学びのディープポイント！　昔は、せんい工業が一番さかんで、北九州に八幡製鉄所ができると金属工業や機械工業中心になってきたんだ。今では、金属などの原料は海外から輸入し、国内で製造する機械工業がもっともさかんになったよ。北九州は工業生産額が落ちたことで、工業地帯ではなく工業地域のうちに数えられることが多くなったよ。

学習日

2 次の地図を見て、Ⓐ〜Ⓓと㋐〜㋔とあの名前を答えましょう。

Ⓐ 　　　　　工業地帯

Ⓑ 　　　　　工業地帯

Ⓒ 　　　　　工業地帯

Ⓓ 　　　　　工業地帯〔地域〕

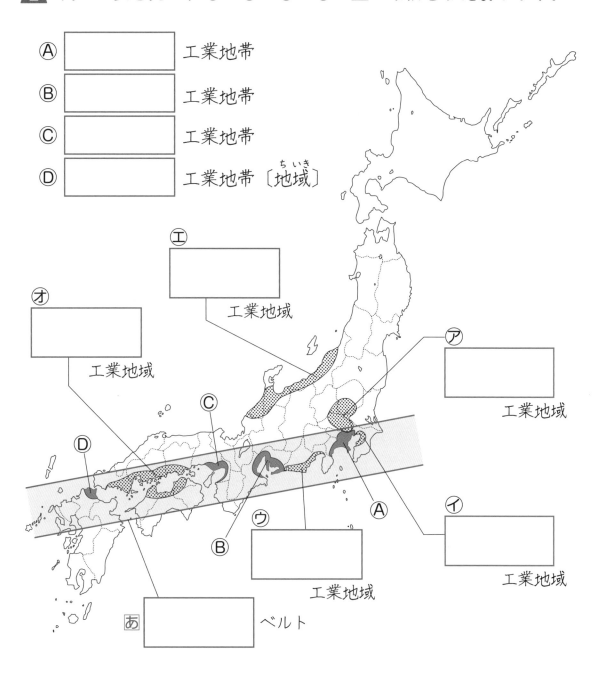

㋔ 　　　　　工業地域

㋐ 　　　　　工業地域

㋑ 　　　　　工業地域

㋒ 　　　　　工業地域

㋓ 　　　　　工業地域

あ 　　　　　ベルト

中京　阪神（はんしん）　北九州　京浜（けいひん）　太平洋
北陸　関東内陸　東海　京葉（けいよう）　瀬戸内（せとうち）

— 75 —

工業地帯・地域の特ちょう

次の地図を見て、あとの問いに答えましょう。

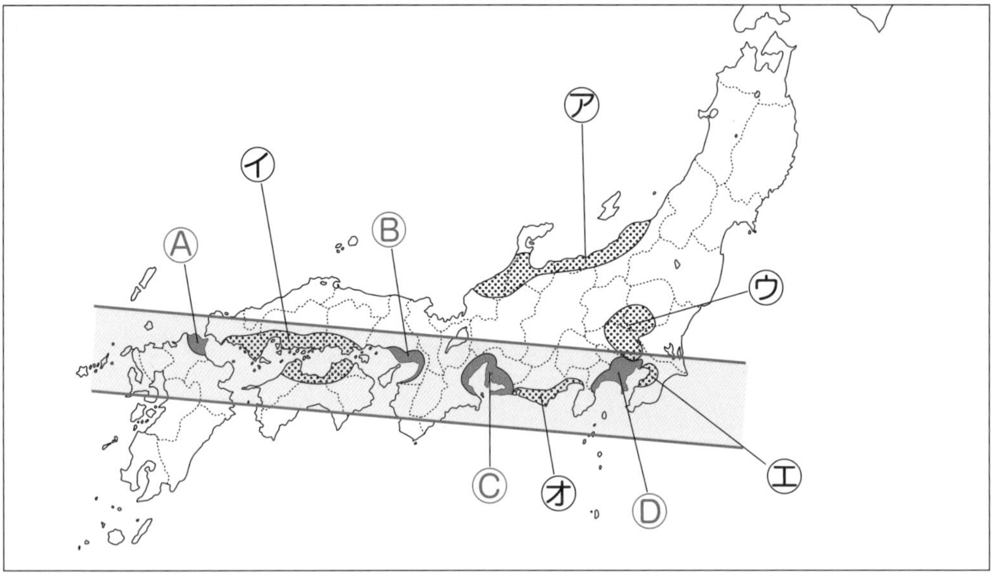
㋐
㋑
㋒
㋓
㋔
Ⓐ
Ⓑ
Ⓒ
Ⓓ

(1) 太平洋ベルトに工業地帯・地域(ちいき)が集まっている理由になるように、(　)にあてはまる言葉を[　]から選んで答えましょう。

海ぞいにあれば、重い(①　　　　)や、できた工業製品(せいひん)を(②　　　　)で運ぶのに便利だからです。

また、この地域の特ちょうとして、人口の多い(③　　　　)と、広い(④　　　　)があるからです。

大都市　　土地　　船　　原料

(2) 三大工業地帯の合計生産額(せいさんがく)の割合(わりあい)を答えましょう。

〈三大工業地帯の工業生産額の割合〉

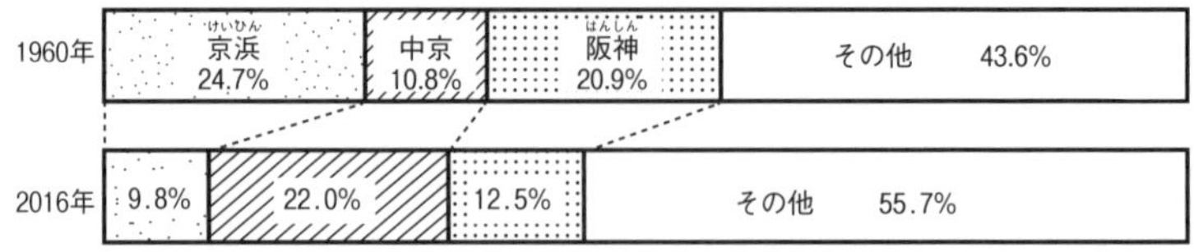
1960年
京浜(けいひん) 24.7%
中京 10.8%
阪神(はんしん) 20.9%
その他 43.6%
2016年
9.8%
22.0%
12.5%
その他 55.7%

(『日本国勢図会 2019/20』より作成)

㋐ 1960年 約(　　　　)%　　㋑ 2015年 約(　　　　)%

学びのディープポイント! それぞれの工業地帯・地域には特ちょうが
あって、生産額が多い場所は太平洋ベルトに多いね。太平洋ベルト内の工業
生産額は日本全体の約3分の2ほどあって、その中でも一番生産額が高いの
は、海外でも人気のある自動車がたくさん製造されている中京工業地帯だね。

学習日

(3) 次のグラフを見て、表を完成させましょう。

① 工業地帯

〈工業のさかんな地域の工業生産額〉

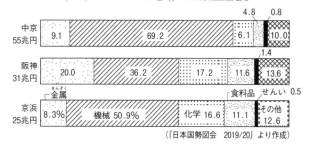

(『日本国勢図会 2019/20』より作成)

特ちょう	工業地帯名	記号
最大の工業地帯で、特に自動車などの機械工業がさかん。	工業地帯	
機械工業がさかんで、首都が近いので印刷業もさかん。	工業地帯	
中小工場が多いので、金属・機械・化学のバランスがよい。	工業地帯	

② 工業地域

〈工業のさかんな地域の工業生産額〉

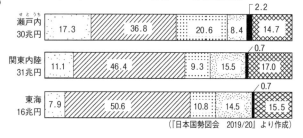

(『日本国勢図会 2019/20』より作成)

特ちょう	工業地域名	記号
大きぼな石油化学コンビナートがあり、化学工業がさかん。	工業地域	
高速道路が発達して、内陸部に工場が集まった。	工業地域	

日本の工業生産

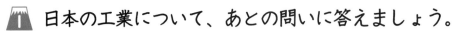

1 日本の工業について、あとの問いに答えましょう。

(1) 次の製品(せいひん)は、何工業で生産されていますか。関係するものを線で結びましょう。

①
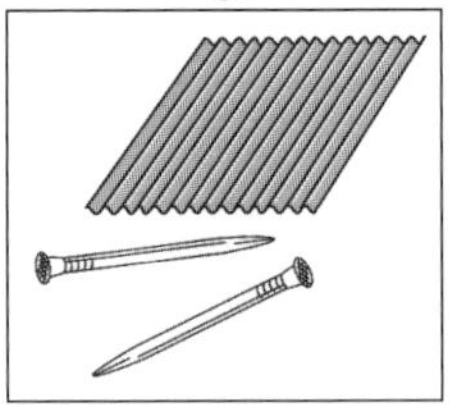

②

③
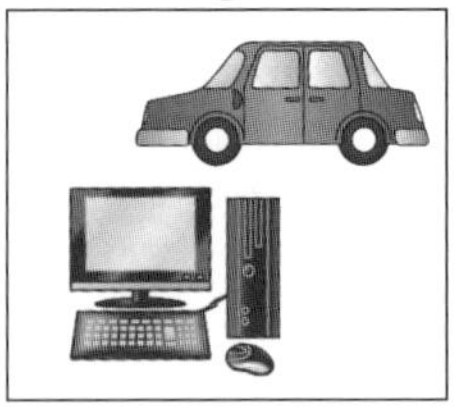

④
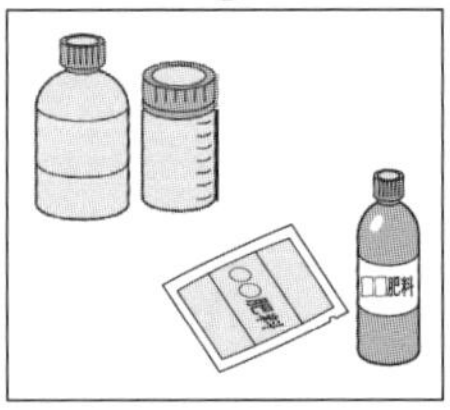

㋐ 機械工業　㋑ せんい工業　㋒ 化学工業　㋓ 金属(きんぞく)工業

(2) ㋐〜㋓を重化学工業と軽工業に分け、記号で答えましょう。

重化学工業			軽工業

(3) グラフの□のⒶとⒷに工業の種類を書いて、日本の工業について（　）にあてはまる言葉を答えましょう。

〈日本の工業生産額(せいさんがく)の変化〉

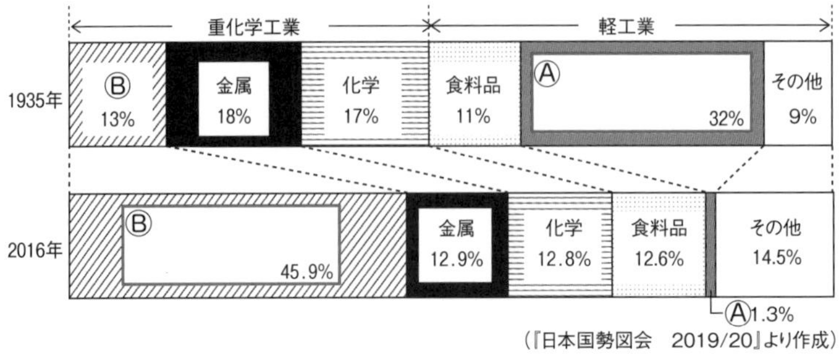
重化学工業
軽工業
1935年
Ⓑ 13%
金属 18%
化学 17%
食料品 11%
Ⓐ 32%
その他 9%
2016年
Ⓑ 45.9%
金属 12.9%
化学 12.8%
食料品 12.6%
その他 14.5%
Ⓐ1.3%

（『日本国勢図会　2019/20』より作成）

日本の工業は、Ⓐなどの（①　　　）工業中心から、Ⓑなどの（②　　　）工業中心に変わっていきました。

2 次の図を見て、あとの問いに答えましょう。

〈工業のさかんな地域〉　　　　　　　　　〈工業のさかんな地域の工業生産額〉

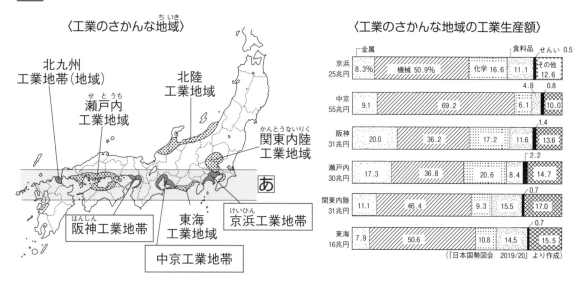

（『日本国勢図会　2019/20』より作成）

(1) 図中の あ には、工業のさかんな地域が集まっています。
何とよばれていますか。　　　　　　　（　　　　　　　　　　）

(2) (1)の工業生産額は、日本全体のどのぐらいをしめていますか。
㋐〜㋒から選んで記号で答えましょう。　　〔　　　〕

㋐　約3分の1　　㋑　約3分の2　　㋒　約5分の1

(3) なぜ(1)に工業地帯が集まっていると考えられますか。
正しい文2つに○をつけましょう。

① （　　）　人口が少なくて、広い平地があるから。

② （　　）　人口が多い大都市があるから。

③ （　　）　交通の便がよく、原料や製品の輸送に便利だから。

④ （　　）　気候が温暖な日本海側に面しているから。

日本の工業生産

🗻 次のグラフと地図を見て、あとの問いに答えましょう。

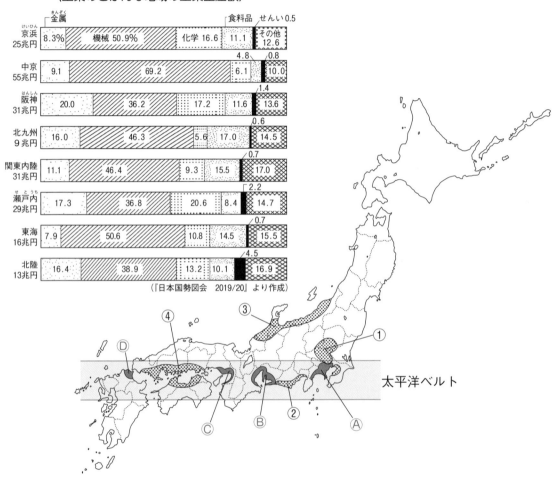

〈工業のさかんな地域の工業生産額〉

地域	金属	機械	化学	食料品	せんい	その他
京浜 25兆円	8.3%	機械 50.9%	化学 16.6	11.1	0.5	その他 12.6
中京 55兆円	9.1	69.2	6.1	4.8	0.8	10.0
阪神 31兆円	20.0	36.2	17.2	11.6	1.4	13.6
北九州 9兆円	16.0	46.3	5.6	17.0	0.6	14.5
関東内陸 31兆円	11.1	46.4	9.3	15.5	0.7	17.0
瀬戸内 29兆円	17.3	36.8	20.6	8.4	2.2	14.7
東海 16兆円	7.9	50.6	10.8	14.5	0.7	15.5
北陸 13兆円	16.4	38.9	13.2	10.1	4.5	16.9

(『日本国勢図会 2019/20』より作成)

太平洋ベルト

(1) 太平洋ベルトにある④～⑩の名前を答えましょう。

記号	地帯名	記号	地帯名
Ⓐ	工業地帯	Ⓑ	工業地帯
Ⓒ	工業地帯	Ⓓ	工業地帯 (地域)

(2) 三大工業地帯とよばれるときは、(1)の中のどれがのぞかれますか。記号で答えましょう。　〔　　〕

(3) 次の㋐～㋒にあてはまる工業地帯を記号で答えましょう。

㋐ 一番生産額が多い工業地帯。〔　　〕

㋑ 金属工業が一番さかんな工業地帯。〔　　〕

㋒ 日本の首都があり、印刷業がさかんな工業地帯。〔　　〕

(4) 次の特ちょうにあてはまる工業地域を、図中から番号を選んで、名前も答えましょう。

特ちょう	番号	工業地域名
石油化学コンビナートが多いので、化学工業が一番さかん。		工業地域
高速道路や空港の発達などにより、内陸でも工業が発達した。		工業地域
太平洋ベルトから外れている。伝統(でんとう)産業がさかん。		工業地域

(5) どの工業地帯・地域でも一番多い工業は何工業ですか。

（　　　　）工業

2 日本の工業について正しく書かれている文2つに○をつけましょう。

① （　　） 昔も今も工業の中心は、せんい工業である。

② （　　） 今の工業の中心は、金属工業である。

③ （　　） 太平洋ベルト地帯は、原料や製品(せいひん)を運ぶのに便利な海岸ぞいで発達している。

④ （　　） 今の工業は、重化学工業が中心になっている。

 イメージマップ **日本の自動車工場と工場の特ちょう**

 次のうすく書かれた言葉をなぞりましょう。

☆ 自動車ができるまで【金属工業→機械工業】

① プレス

② ようせつ

③ とそう

④ 組み立て

⑤ 検査（けんさ）

↑
ロール鉄板
【金属工業】

1台の車が
完成するま
で約2時間
かかります

完成

〈これからの自動車〉

（キャリアカー）

⑥ 出荷

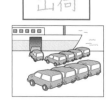

㋐ 環境にやさしい →電気自動車
　　　　　　　　　ハイブリッド車

㋑ 人にやさしい　→車いすのまま乗りおりしや
　　　　　　　　　すい

㋒ 安　　全　　→自動ブレーキ、エアバッグ

☆　自動車工場（大工場）と関連工場（中小工場）

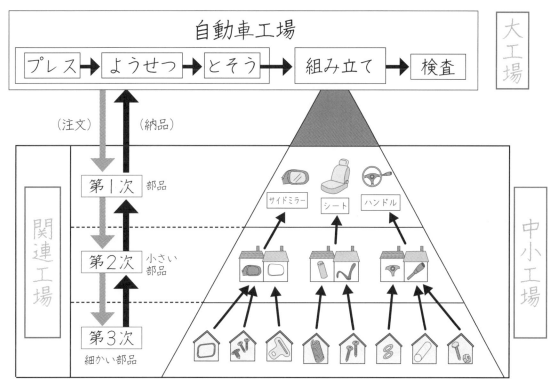

☆　中小工場と大工場

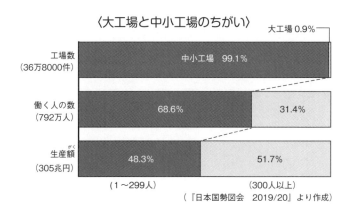

⟨大工場と中小工場のちがい⟩
（『日本国勢図会　2019/20』より作成）

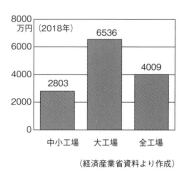

⟨１人あたりの年間生産額⟩
（経済産業省資料より作成）

※中小工場…独自のすぐれた技術をもつ工場も多い
「まいど１号」（人工衛星）

日本の自動車工場と工場の特ちょう－①

ステップ

自動車工場・関連工場のしくみ

[I] 次の図を見て、あとの問いに答えましょう。

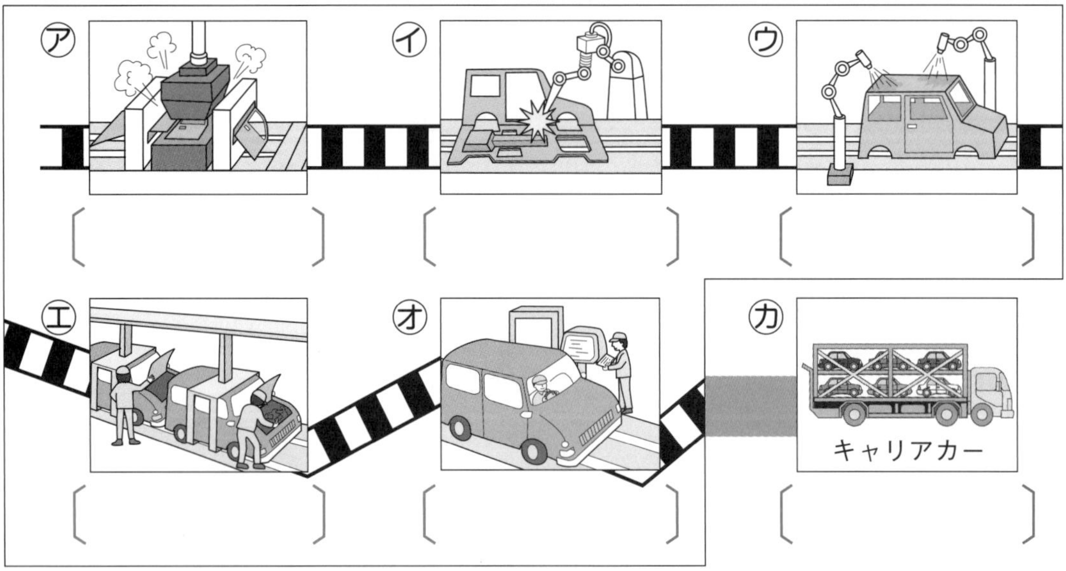

(1)　㋐～㋕の作業の名前を［　　］から選んで〔　〕に答えましょう。

組み立て　検査（けんさ）　ようせつ　出荷　とそう　プレス

(2)　次の①～⑤は、㋐～㋕のどの作業の説明ですか。（　）に記号で答えましょう。

①（　　）ドアやゆかなどの部品をつなぎ合わせて、車体をつくる。

②（　　）ブレーキやメーター表示（ひょうじ）などの点検をする。

③（　　）車体に色をぬる。

④（　　）１枚の鉄板から、ドアなどの部品をつくる。

⑤（　　）エンジンやシートなどを車体に取りつける。

(3)　㋐～㋕で、ロボットが人間の代わりにしている危険（きけん）な作業を記号で答えましょう。（　　　）（　　　）

学びのディープポイント! 自動車工場から部品を発注された関連工場は、さらに細かな部品をつくる工場に発注していくよ。そして、つくられた部品を組み立てながら元の関連工場に納品し、最終的に自動車工場で組み立てられるんだ。そのためにも、必要なものを必要なときに必要な量だけ納品してもらえることが大事なんだ。

学習日 /

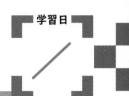

2 次のⒶとⒷの図を見て、あとの問いに答えましょう。

Ⓐ

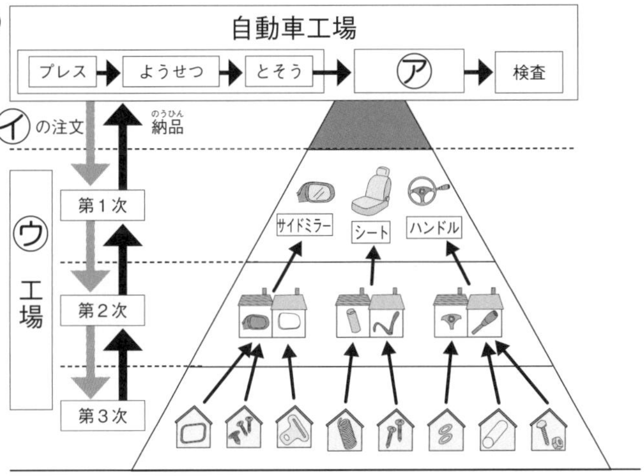

Ⓑ

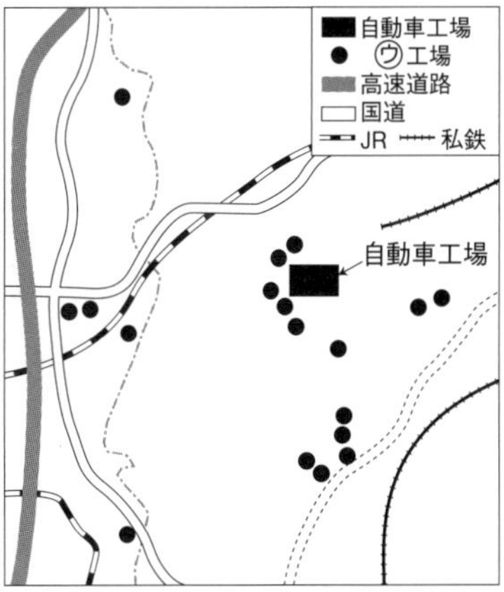

(1) Ⓐの㋐～㋒にあてはまる言葉を［　］から選んで答えましょう。

㋐［　　　　］　㋑［　　　　］　㋒［　　　　］

［部品　関連　組み立て］

(2) 自動車工場と㋒工場の関係として正しい文2つに○をつけましょう。

① (　　) ㋒工場の都合で勝手に納品する時こくを決めてよい。

② (　　) ㋒工場は、自動車工場から注文された部品に不良品を出さない。

③ (　　) ㋒工場は、好きな部品をいくらでもつくってよい。

④ (　　) 自動車工場の決めた生産台数によって、部品の注文は増(ふ)えたり、減(へ)ったりする。

(3) Ⓑを見て、(　)にあてはまる言葉を答えましょう。

㋒工場は、(①　　　　)工場の周辺にあり、その近くを鉄道や国道・(②　　　　)が通っている。

中小工場・大工場の特ちょう

🏔 次のグラフを見て、あとの問いに答えましょう。

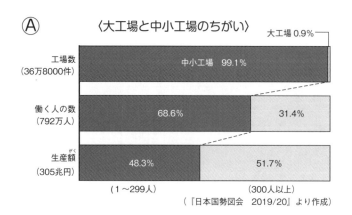

Ⓐ 〈大工場と中小工場のちがい〉

大工場 0.9%

工場数
(36万8000件)　中小工場 99.1%

働く人の数
(792万人)　68.6%　31.4%

生産額
(305兆円)　48.3%　51.7%

(1～299人)　　(300人以上)

(『日本国勢図会　2019/20』より作成)

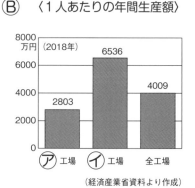

Ⓑ 〈1人あたりの年間生産額〉

8000
万円 (2018年)　6536
6000
4009
4000　2803
2000
0
　　ⓐ工場　ⓘ工場　全工場

(経済産業省資料より作成)

(1) 働く人の数が、次のような工場を何とよんでいますか。

① 300人以上の工場　　　　　　　　　　（　　　　　　　）工場

② 1～299人の工場　　　　　　　　　　（　　　　　　　）工場

(2) 次の（　）にあてはまる数字を答えましょう。

① 工場数は、全部で約（　　　　　　　）万件ほどある。

② ①のうち、中小工場の割合が（　　　　　　　）％である。

③ 働く人の数は、中小工場が全体の（　　　　　　　）％である。

④ 生産額は、大工場だけで（　　　　　　　）％ほどある。

(3) Ⓑのグラフでⓐとⓘのうち、大工場を表しているのは、どちらですか。

（　　　　　）

学びのディープポイント！ 中小工場は働く人数も少なく、機械化もされていないことが多いので、生産量が少ないんだ。ただ、そこでしか作れないような専門的な技術があって、ほこりをもっているんだ。自動車や飛行機も、小さな町工場のネジがないと作れないと考えると、そのすごさがわかるね。

学習日　／

(4) なぜ、(3)のようになるのですか。次の（　）にあてはまる言葉を［　　］から選んで答えましょう。

　大工場は、働く人の数が少なくても、工場の（①　　　　　）が進んでいるので、（②　　　　　）生産ができます。
　（③　　　　　）工場は、独自のすぐれた技術をもっていても、手作業にたよっていることが多く、大量にはつくれません。
　だから、生産額は（④　　　　　）工場の方が高くなります。

［ 大量　機械化　大　中小 ］

2 次のグラフを見て、正しい文2つに〇をつけましょう。

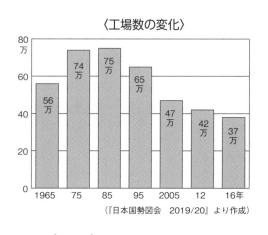

〈工場数の変化〉

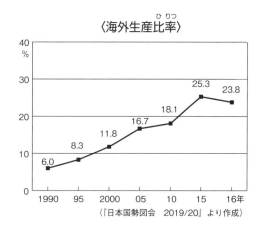

〈海外生産比率〉

（『日本国勢図会 2019/20』より作成）

① （　） 工場数は、1965年から2016年まで増えている。

② （　） 海外生産比率は、1990年から2016年で増えている。

③ （　） 工場数は、1985年にくらべて2016年は約半分である。

④ （　） 海外生産比率は、2016年は1990年の約4倍である。

—87—

日本の自動車工場と工場の特ちょう

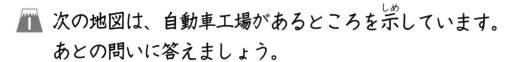

次の地図は、自動車工場があるところを示しています。
あとの問いに答えましょう。

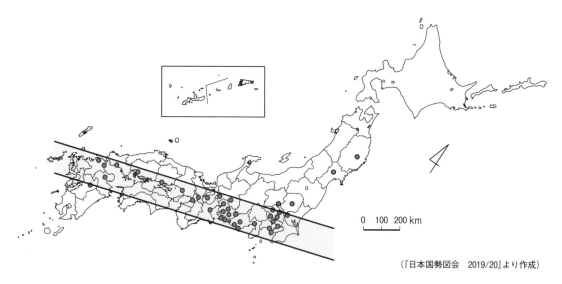

（『日本国勢図会　2019/20』より作成）

(1)　自動車工場がもっとも多くある都道府県を □□□□ から選んで答
えましょう。　　　　　　　　　　　　　（　　　　　　　　）

> 宮城県　　熊本県　　兵庫県　　愛知県

(2)　自動車工場のあるところの特ちょうについて、正しい文に○
をつけましょう。

①　（　　）　日本海側に集まっている。

②　（　　）　どの都道府県にもある。

③　（　　）　太平洋ベルトに多く集まっている。

④　（　　）　海に近いところだけに集まっている。

(3)　自動車工場の近くにある、車のさまざまな部品を生産してい
る工場を何といいますか。　　　　　（　　　　　　　　）工場

2 次の図は、自動車ができるまでのようすを表しています。
あとの問いに答えましょう。

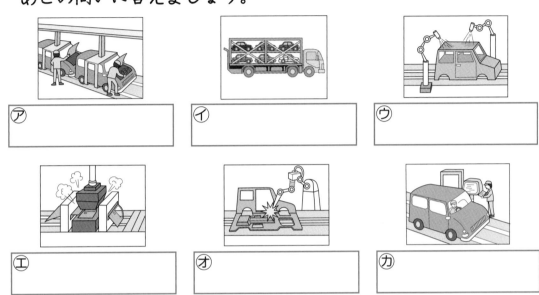

ア

イ

ウ

エ

オ

カ

(1) ▢にあてはまる言葉を ⸽‥‥⸽ から選んで答えましょう。

とそう　　ようせつ　　検査（けんさ）　　組み立て　　プレス　　出荷

(2) 自動車が出荷されるまでの工程順（こうていじゅん）にア〜カをならべましょう。

（　　　）➡（　　　）➡（　　　）➡（　　　）➡（　　　）➡（　　　）

(3) 人間の代わりに危険（きけん）な仕事などをしてくれるものは何ですか。

（　　　　　　　）

(4) (3)が行っている作業を２つ答えましょう。〔　　　〕〔　　　〕

(5) 完成した自動車を運ぶ車の名前は何で
すか。　　　　（　　　　　　　）

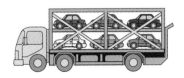

日本の自動車工場と工場の特ちょう

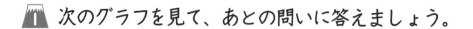

次のグラフを見て、あとの問いに答えましょう。

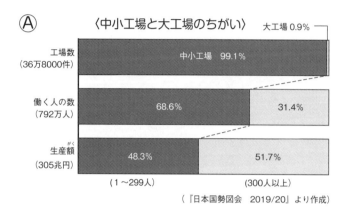

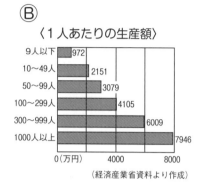

(1) 図Ⓐのグラフについて、正しい文2つに○をつけましょう。

① （　　） 中小工場と大工場の数は、同じくらいである。

② （　　） 大工場の数は、すべての工場数の1％にもならない。

③ （　　） 中小工場の生産額と大工場の生産額は、同じくらいである。

④ （　　） 働く人の数は、中小工場より大工場の方が多い。

(2) Ⓐ・Ⓑのグラフを参考にして、あてはまる数字を答えましょう。

① 大工場とは、働く人の数が何人以上いる工場のことですか。

（　　　　　）人以上

② 大工場での1人あたりの生産額は、何万円以上になりますか。

（　　　　　）万円以上

③ 1人あたりの生産額をくらべると、1000人以上の工場は、9人以下の工場の約何倍ですか。　　約（　　　　　）倍

(3) (2)のようになる理由として表にあてはまる言葉を┌──┐から選んでまとめましょう。

	働く人数	工場の設備	生産量	1人あたりの生産額
中小工場	多い			
大工場			大量	

┌─────────────────────────────────────┐
少ない　機械化　手作業　少量　高い　低い
└─────────────────────────────────────┘

2 次のグラフを見て、あとの問いに答えましょう。

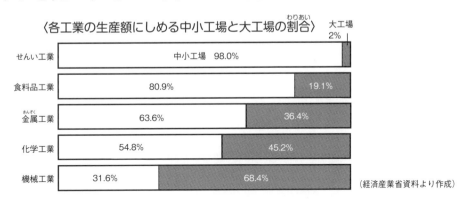

〈各工業の生産額にしめる中小工場と大工場の割合〉

せんい工業　中小工場 98.0%　大工場 2%
食料品工業　80.9%　19.1%
金属工業　63.6%　36.4%
化学工業　54.8%　45.2%
機械工業　31.6%　68.4%

（経済産業省資料より作成）

① 中小工場の生産額が、全体の80%以上になる工業を答えましょう。　（　　　　）工業（　　　　）工業

② ①の工業をまとめて何工業といいますか。
（　　　　）工業

③ 大工場で生産額が一番多いのは何工業で、全体の約何%ですか。
（　　　　）工業，約（　　　　）%

⑨ イメージマップ 日本の工業と貿易

🗻 次のうすく書かれた言葉をなぞりましょう。

☆ 加工貿易 …（資源のとぼしい日本は、原料を輸入して、それを加工・製品化して輸出。）

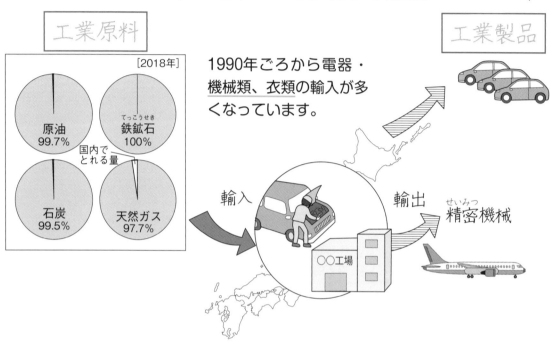

工業原料

[2018年]

原油 99.7%　鉄鉱石 100%

国内でとれる量

石炭 99.5%　天然ガス 97.7%

1990年ごろから電器・機械類、衣類の輸入が多くなっています。

工業製品

輸入　輸出　精密機械

○○工場

☆ 輸入品・輸出品の変化

〈輸入品〉

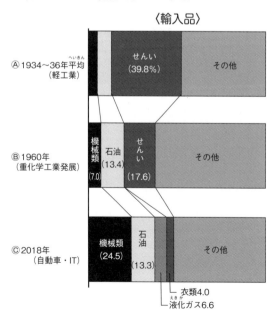

Ⓐ 1934〜36年平均（軽工業）
せんい（39.8%）　その他

Ⓑ 1960年（重化学工業発展）
機械類（7.0）　石油（13.4）　せんい（17.6）　その他

Ⓒ 2018年（自動車・IT）
機械類（24.5）　石油（13.3）　その他
　衣類4.0
　液化ガス6.6

〈輸出品〉

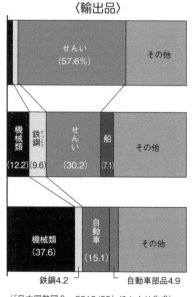

せんい（57.6%）　その他

機械類（12.2）　鉄鋼（9.6）　せんい（30.2）　船（7.1）　その他

機械類（37.6）　自動車（15.1）　その他
鉄鋼4.2　自動車部品4.9

（『日本国勢図会　2019/20』ほかより作成）

— 92 —

☆ 貿易相手国との関係

〈日本の主な貿易相手国と輸出入総額（地域）2018年〉　（単位：億円）

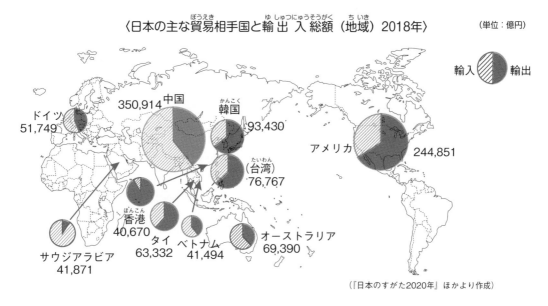

（『日本のすがた2020年』ほかより作成）

☆ 日本の貿易の問題点

産業の　空どう化　が進む

└─→ 海外の工場で生産多

・海外生産の方が安くすむ
・貿易まさつ 解消のため

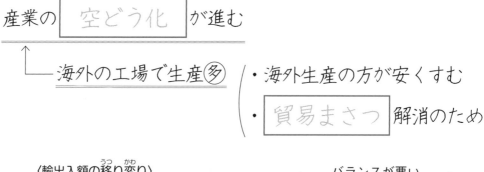

〈輸出入額の移り変り〉

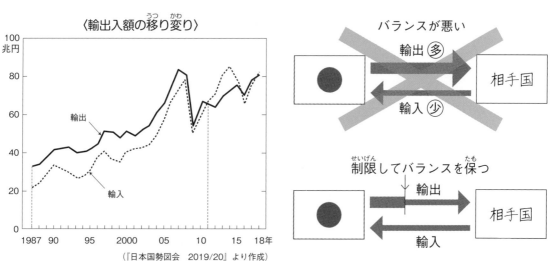

（『日本国勢図会 2019/20』より作成）

日本の工業と貿易ー①

工業生産と貿易の関係

 次の図を見て、あとの問いに答えましょう。

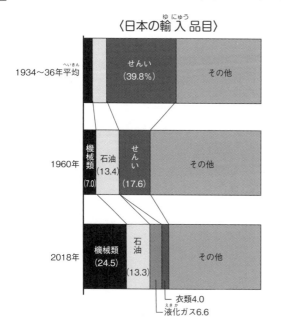

〈日本の輸入品目〉

1934〜36年平均
せんい（39.8%）　その他

1960年
機械類（7.0）　石油（13.4）　せんい（17.6）　その他

2018年
機械類（24.5）　石油（13.3）　その他
└ 衣類4.0
└ 液化ガス6.6

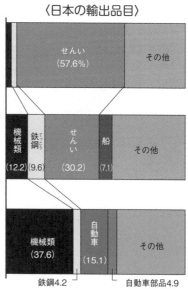

〈日本の輸出品目〉

せんい（57.6%）　その他

1960年
機械類（12.2）　鉄鋼（9.6）　せんい（30.2）　船（7.1）　その他

2018年
機械類（37.6）　自動車（15.1）　その他
鉄鋼4.2　　　　　自動車部品4.9

（『日本国勢図会　2019/20』ほかより作成）

(1) それぞれの年代の輸出・輸入品で多いものを答えましょう。

	輸入品	輸出品
1934〜36年		
1960年		
2018年		

(2) 1934〜36年と2018年で、工業の中心になっているのは軽工業と重化学工業のどちらですか。

① 1934〜36年 （　　　　　）工業　　② 2018年 （　　　　　）工業

学びのディープポイント！ 原材料を海外でつくり、国内で製造して海外に輸入する加工貿易をしていたけど、外国との輸出入の関係や人件費などの安さを考えて、海外の工場で製品化したものを日本に輸入することも増えてきたんだ。なので、最近では輸出入ともに「機械類」が1位になっているよ。

(3) 図を見て、日本の貿易（ぼうえき）について（ ）にあてはまる言葉を□□□から選んで答えましょう。

〈1990年までの日本の貿易〉

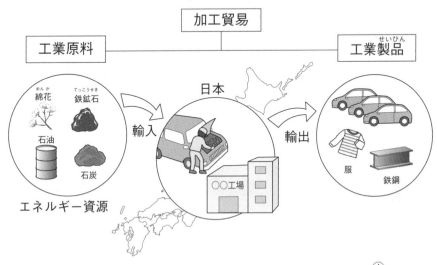

1990年までの貿易は、図のように石油などの（①　　　　）を輸入して、それを加工し、できた（②　　　　）を輸出するという（③　　　　）でした。

現在（げんざい）の貿易は、輸入品の第1位が（④　　　　）になっています。これは、中国などの（⑤　　　　）の国々で工業化が進んだことや、日本の製造業（せいぞう）が工場を（⑤）などに移（うつ）して、原料ではなく（⑥　　　　）化したものを日本に（⑦　　　　）することが多くなったからです。この方法の方が人件費などがおさえられ、（⑧　　　　）生産できます。

```
製品    アジア    安く    輸入    機械類

工業製品    加工貿易    工業原料
```

工業生産と貿易まさつ

🗻 次のグラフを見て、あとの問いに答えましょう。

〈日本の主な貿易相手国と輸出入総額（地域）2018年〉　　（単位：億円）

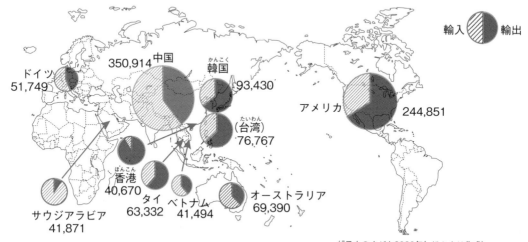

（『日本のすがた2020年』ほかより作成）

(1) 日本との貿易額が多い国を答えましょう。

1位（　　　　　　　）　　2位（　　　　　　　）

(2) 日本と貿易することがとくに多い地域は、アジア・オーストラリア・北アメリカの中だとどこですか。（　　　　　　　）

(3) 次の輸入品目のグラフで、それぞれ一番多い国を答えましょう。

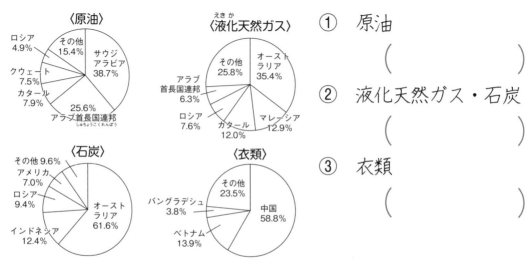

① 原油

（　　　　　　　）

② 液化天然ガス・石炭

（　　　　　　　）

③ 衣類

（　　　　　　　）

（『日本国勢図会　2019/20』より作成）

学びのディープポイント！ 輸入品目のグラフを見ることで、国ごとの特ちょうがわかるね。原油はサウジアラビアなどの中東の国が多いね。衣類などは日本が現地に工場をもっているアジアの国々が大半をしめているね。このことは、貿易まさつなどにも関係していて、原産地での生産がすすめられているんだ。

2 次のグラフを見て、あとの問いに答えましょう。

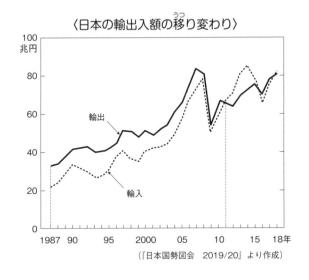

〈日本の輸出入額の移り変わり〉

(『日本国勢図会　2019/20』より作成)

(1) 2011年まで、輸入額と輸出額は、どちらの方が多かったですか。

（　　　　　）額

(2) (1)の年に、日本で起きた大きなできごとは何ですか。（　　　　　）大震災

3 相手国が、自国の輸出額より輸入額の方が多くなったとき、その国はどうしますか。あてはまる言葉を ⌐ ⌐ から選んで答えましょう。

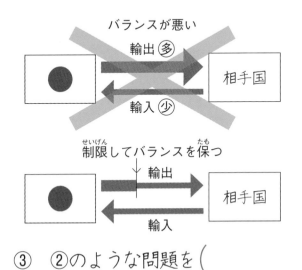

バランスが悪い
輸出 多
相手国
輸入 少

制限してバランスを保つ
輸出
相手国
輸入

① 輸入が多くなると、自国の製品が（　　　　　）なる。

② 相手国は、自国の産業を守るために輸入を（　　　　　）する。

③ ②のような問題を（　　　　　）という。

④ ③を解決するため、相手国に自国の（　　　　　）をつくる。

┌─────────────────────────────┐
│ 貿易まさつ　工場　制限　売れなく │
└─────────────────────────────┘

日本の工業と貿易

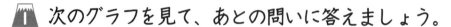

次のグラフを見て、あとの問いに答えましょう。

〈日本の輸入品の内わけと移り変わり〉

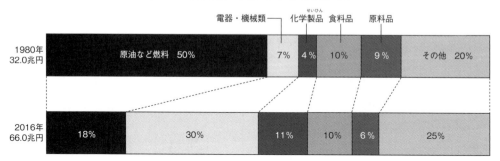

（『通商白書 各年版』、財務省貿易統計より作成）

(1) 次の（　）にあてはまる言葉を ⌐‥¬ から選んで答えましょう。

　　昔の日本の工業は（①　　　　　　）などの原料を輸入して、それら
を加工した（②　　　　　　）を輸出する（③　　　　　　）でした。

　　しかし、近年は（④　　　　　　　　　　）が、2016年
輸入量１位のように貿易の仕方が変わってきました。

> 電器・機械類　　石油　　加工貿易　　工業製品

(2) 最近の貿易が変わってきた理由について、（　）にあてはまる言葉を ⌐‥¬ から選んで答えましょう。

　　最近、（①　　　　　　　）などのアジアの国々で工業化が進んだ
ことや、日本の会社が（②　　　　　　　）を解消するために、（③　　　　　　　）に工場をつくり、そこでつくった製品を
（④　　　　　　　）するようになったからだと考えられます。

> 貿易まさつ　　輸入　　中国　　海外

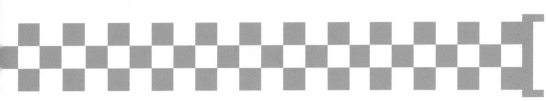

2 次のグラフを見て、あとの問いに答えましょう。

〈日本の主な貿易相手国と輸出入総額（地域）2018年〉 （単位：億円）

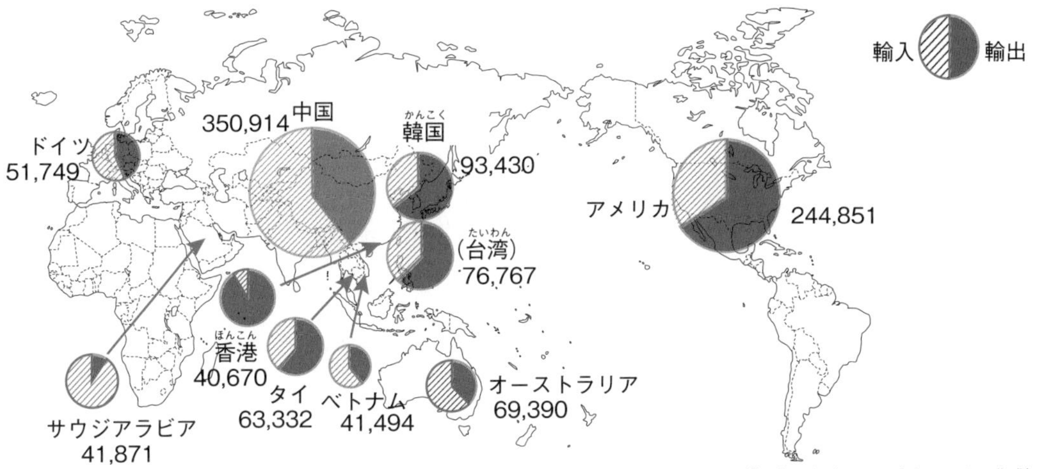

輸入
輸出
中国 350,914
韓国 93,430
ドイツ 51,749
アメリカ 244,851
（台湾） 76,767
香港 40,670
タイ 63,332
ベトナム 41,494
オーストラリア 69,390
サウジアラビア 41,871

（『日本のすがた2020年』ほかより作成）

(1) 日本の輸入相手国の中で輸入額が一番多い国はどこですか。

（　　　　　）

(2) 日本の輸出相手国の中で輸出額が一番多い国はどこですか。

（　　　　　）

(3) 次の国々から輸入しているものを線で結びましょう。

① サウジアラビア ・　　　　・ ㋐ 石炭・鉄鉱石
② 中国 ・　　　　・ ㋑ 原油（石油）
③ オーストラリア ・　　　　・ ㋒ トウモロコシ
④ アメリカ ・　　　　・ ㋓ 衣類

(4) 日本の貿易について、正しい文2つに○をつけましょう。

① （　　） 貿易相手国は、アジアの国々が多い。

② （　　） 貿易額の多い上位3国は中国・韓国・台湾である。

③ （　　） サウジアラビアからは、輸入がかなり多い。

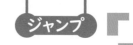

日本の工業と貿易

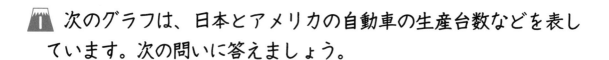

1 次のグラフは、日本とアメリカの自動車の生産台数などを表しています。次の問いに答えましょう。

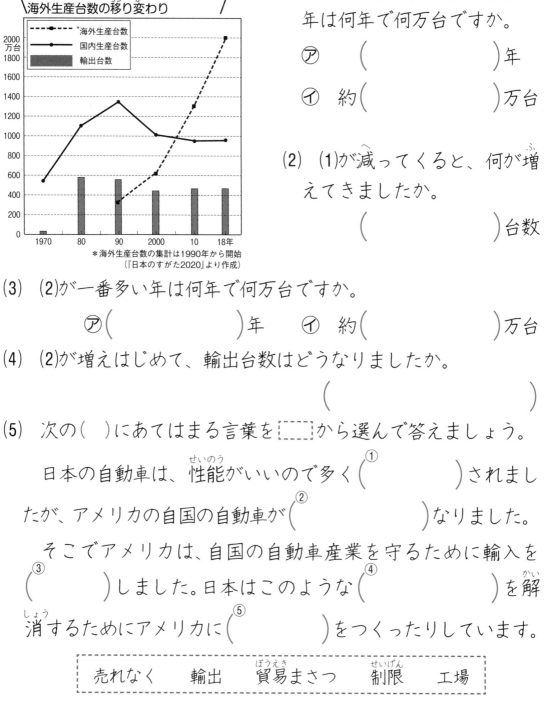

〈日本の自動車企業の国内生産，輸出(ゆしゅつ)，海外生産台数の移(うつ)り変(か)わり〉

＊海外生産台数の集計は1990年から開始
（『日本のすがた2020』より作成）

(1)　国内生産台数が、一番多い年は何年で何万台ですか。

㋐（　　　　　　）年

㋑　約（　　　　　　）万台

(2)　(1)が減(へ)ってくると、何が増(ふ)えてきましたか。

（　　　　　　）台数

(3)　(2)が一番多い年は何年で何万台ですか。

㋐（　　　　　　）年　㋑　約（　　　　　　）万台

(4)　(2)が増えはじめて、輸出台数はどうなりましたか。

（　　　　　　）

(5)　次の（　）にあてはまる言葉を［　］から選んで答えましょう。

日本の自動車は、性能(せいのう)がいいので多く（①　　　　）されましたが、アメリカの自国の自動車が（②　　　　）なりました。

そこでアメリカは、自国の自動車産業を守るために輸入を（③　　　　）しました。日本はこのような（④　　　　）を解(かい)消(しょう)するためにアメリカに（⑤　　　　）をつくったりしています。

売れなく　　輸出　　貿易(ぼうえき)まさつ　　制限(せいげん)　　工場

2 次の資料を見て、アメリカとの関係について答えましょう。

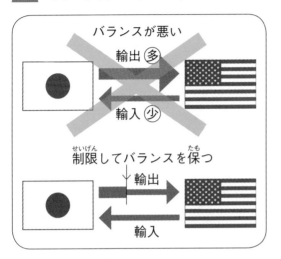

バランスが悪い
輸出 多
輸入 少

制限してバランスを保つ
輸出
輸入

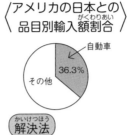

〈アメリカの日本との
品目別輸入額割合〉

自動車
36.3%
その他

解決法
・現地工場で生産
・とうもろこしや牛
肉などをさらに多
く輸入

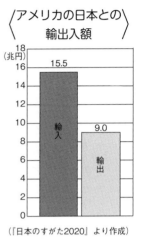

〈アメリカの日本との
輸出入額〉

（『日本のすがた2020』より作成）

(1) アメリカの、日本との輸出入額は約何兆円ですか。

① 輸入額　約（　　　　　　）兆円

② 輸出額　約（　　　　　　）兆円

(2) アメリカから日本への輸出額は、輸入額の約％ですか。

約（　　　　　　）％

(3) (2)のように、貿易のバランスが悪いために起こる問題を何と
いいますか。　　　　　　　　　（　　　　　　　　　　）

(4) アメリカの日本との貿易輸入額の中で、自動車の割合は全体
の約何％ありますか。　　　　　　　約（　　　　　）％

(5) アメリカは、貿易のバランスを保つためにどうしますか。

① 輸入を（　　　　　　）する。

② 日本に（　　　　　　）や（　　　　　　　　　）を多く輸出する。

⑩ イメージマップ → 日本のくらしの中の情報

 次のうすく書かれた言葉をなぞりましょう。

☆ さまざまなメディア

雑誌

・文字や写真で伝える。
・テーマにそってまとめられる。

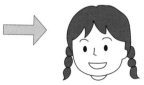

（一部）

新聞

・文字や写真で伝える。
・切りぬいて保存。

ラジオ

テレビ

インターネット

・音声で伝える。
（電気が止まっても使える）

・映像と音声で伝える。
・デジタル化で情報のやり取りができる。

・文字や映像で、世界中の情報がすぐに見られたり、世界に発信したりできる。

☆ 情報（じょうほう）を伝える

取材　　　編集　　　放送

① 〈情報を集める〉　② 〈情報を選ぶ・編集（へんしゅう）〉　③ 〈情報を伝える〉

（取材）

（編集会議）

（映像（えいぞう）の編集）

（放送）

☆ 情報技術がくらしの中に

① POSシステム

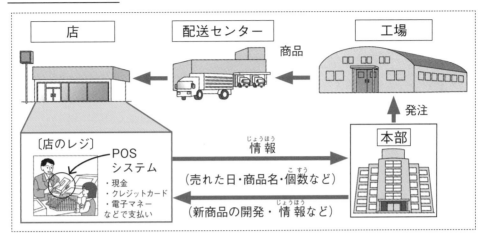

② 電子マネー

カード → 買い物、乗り物に乗れる

③ 人工知能(AI) を使ったロボットなど

④ 医りょうネットワーク

（遠かく医りょう・在宅医りょう）

☆ 情報化社会の問題点

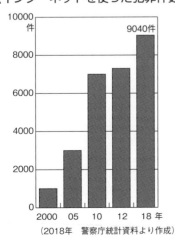

〈インターネットを使った犯罪件数〉

（2018年 警察庁統計資料より作成）

①高額な請求

②悪質な書きこみ

③有害なメール

④個人情報の流出

ステップ

くらしの中の情報

[1] 次の図を見て、あとの問いに答えましょう。

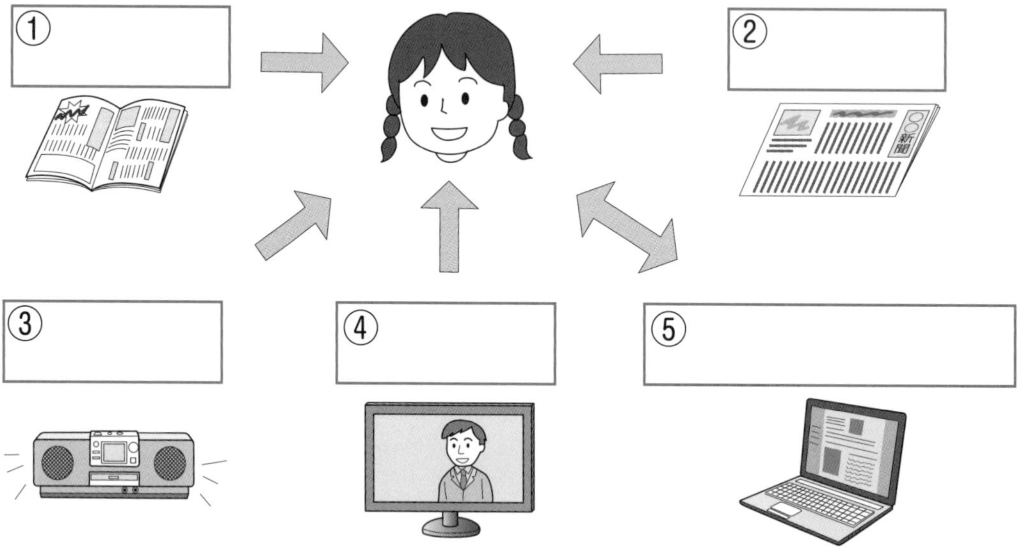

(1) 図の①～⑤の□にあてはまるメディアを[ ]から選んで答えましょう。

ラジオ	インターネット	新聞	テレビ	雑誌(ざっし)

(2) 図の①～⑤の特ちょうとあう説明を線で結びましょう。

① ・　　　　・ ㋐ 文字を中心に伝える。切りぬいて保存(ほぞん)できる。持ち運びできる。

② ・　　　　・ ㋑ 音声だけで伝える。災害時(さいがいじ)にも電池があれば情報(じょうほう)を得(え)られる。

③ ・　　　　・ ㋒ 世界中の情報をいつでもどこでも、すぐに見たり、発信したりできる。

④ ・　　　　・ ㋓ 音声と映像(えいぞう)で伝える。子どもからお年寄(としよ)りまでだれでも楽しめる。

⑤ ・　　　　・ ㋔ 文字と、豊富(ほうふ)な写真・絵で伝える本。

学びのディープポイント! さまざまなメディアから情報を受け取れるようになったことで、どこからどんな情報を得るかを自分たちで考えないといけなくなってきたね。テレビ局や新聞会社も同じニュースでも、視点が変わると伝え方も変わるんだ。自分自身の見方・考え方をきたえていくことが大事なんだ。

2 次の図は、ニュース番組が放送されるまでの仕事を表しています。あとの問いに答えましょう。

| ㋐ | ㋑ | ㋒ をチェック | 映像の ㋓ | ㋔ |

(情報を集める) (集めた情報を選ぶ) (話す内容を決める) (時間内におさめる) (本番)

(1) 図中の㋐〜㋔にあてはまる仕事を □□□ から選んで答えましょう。

㋐		㋑		㋒	
㋓		㋔			

編集（へんしゅう）　取材　原稿（げんこう）　放送　編集会議

(2) 次の仕事は(1)の中のどれですか。（　）に記号で答えましょう。

① 事故（じこ）などがあると、現場（げんば）でニュースを集める仕事　（　　）

② 集めた映像を時間内に放送できるようまとめる仕事　（　　）

③ 取材したニュースを、どう放送するかを決める仕事　（　　）

(3) ニュース番組の放送で気をつけることを □□□ から選んで答えましょう。

ニュース番組では、（①　　　　）な情報をすばやく、原稿を（②　　　　）で、だれにでも（③　　　　）ように伝えることが大切です。

わかる　まちがわない　正確（せいかく）

—105—

日本のくらしの中の情報ー②

ステップ

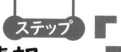

くらしに生かされている情報

次の図は、コンビニエンスストアで使われているコンピュータと仕組みを表しています。あとの問いに答えましょう。

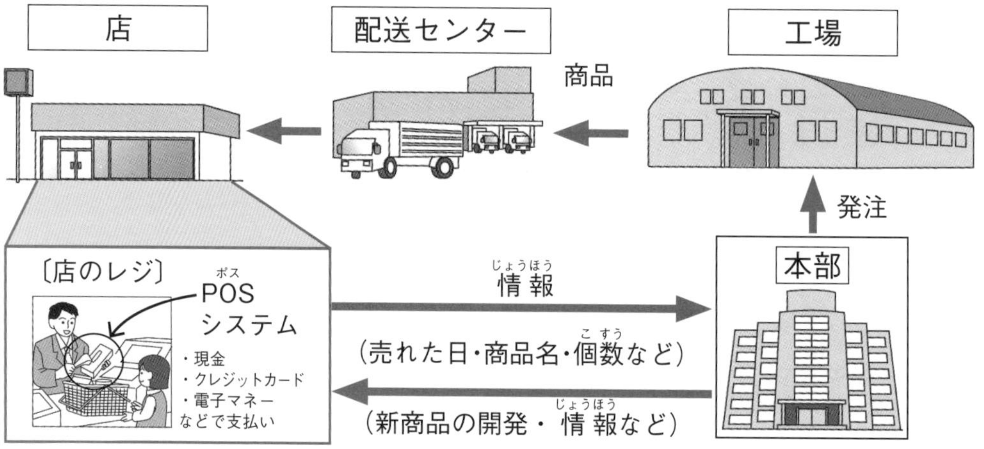

(1) 店のレジでは、右のようなもようを読み取っています。これは何ですか。 (　　　　　　)

(2) POSシステムを使うことでわかることに○をつけましょう。

① (店に来た人の数 ・ 商品が売れた日時)

② 売れた商品の(個数 ・ 形)

③ (売れた商品 ・ 買った人)の名前

(3) POSシステムを使うことで、どのようにして店頭に商品が並びますか。㋐・㋑・㋒にあてはまる言葉を答えましょう。

店 → ㋐ → ㋑ → ㋒ → 店

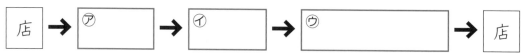

学びのディープポイント！　ICT技術が発達したことで、POSシステムなどの、データ収集や商品を開発する仕組みができたよ。ただ、インターネットが発達して、情報があふれてたことで、その情報が正しいかどうかをちゃんと考えないといけないね。自分の信じられる人・物を見つけることも大事だね。

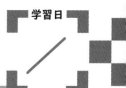

学習日　／

2 次のような情報と関係する情報を□から選んで答えましょう。

① 天気・気温・雨や雪が降(ふ)る確率(かくりつ)などを出す情報。（　　　）

② 大きなゆれが来る前に出す情報。（　　　）

③ 名前・年れい・住所などで特定の人がわかってしまう情報。（　　　）

④ 遠くはなれた地方の病院のかん者の電子カルテにもつなげられること。（　　　）

個人情報　緊急地震速報(きんきゅうじしんそくほう)　医りょうネットワーク　気象(きしょう)情報

3 次の絵を見て、あとの問いに答えましょう。

(1) インターネットの問題点を□から選んで記号で答えましょう。

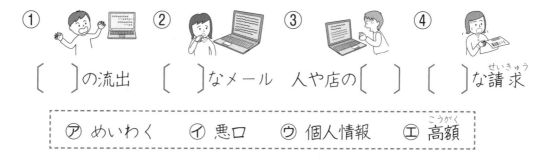

①
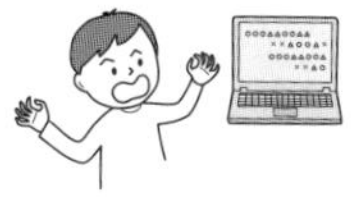
〔　　〕の流出

②
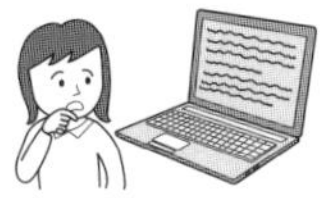
〔　　〕なメール

③
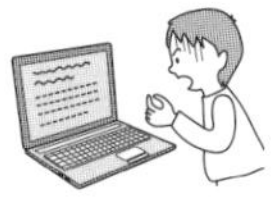
人や店の〔　　〕

④
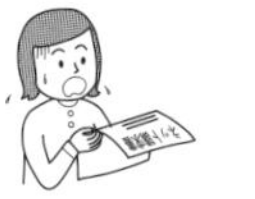
〔　　〕な請求(せいきゅう)

㋐ めいわく　㋑ 悪口　㋒ 個人情報　㋓ 高額(こうがく)

(2) 情報について気をつけることで（　）の中の正しい言葉に○をつけましょう。

情報を発信するときは、（①不正確(ふせいかく)・正確）な情報を、（②受け取る・流す）側の立場に立って伝える。

情報を受け取るときは、最初に出てきた情報だけを（③信じない・信じる）。

日本のくらしの中の情報

1 ①〜⑤の絵を見て、情報を得ているものの名前を □ から選んで答えましょう。

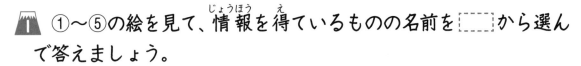

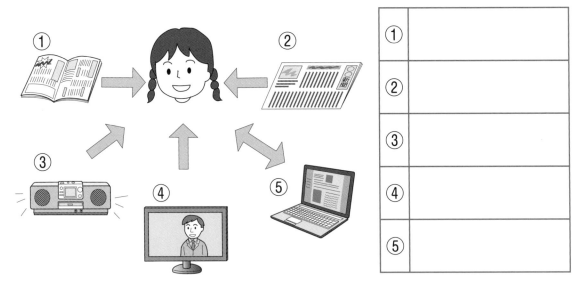

①	
②	
③	
④	
⑤	

┌─────────────────────────────┐
　テレビ　　ラジオ　　新聞　　インターネット　　雑誌
└─────────────────────────────┘

2 次のグラフは、広告にかけるお金について表しています。あとの問いに答えましょう。

(1) 2016年に広告費が一番多く使われているメディアは何で、約何兆円使われていますか。

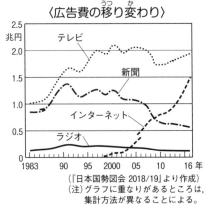

〈広告費の移り変わり〉

（『日本国勢図会 2018/19』より作成）
（注）グラフに重なりがあるところは、集計方法が異なることによる。

　　　メディア（　　　　　　　　　）

　　　　　約（　　　　　　　　　）円

(2) 2005年から、急に増えてきているメディアは何ですか。

　　　　　　　　　　　　　　（　　　　　　　　　）

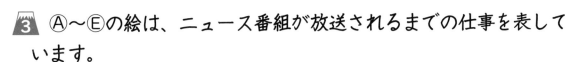

3 Ⓐ～Ⓔの絵は、ニュース番組が放送されるまでの仕事を表しています。

Ⓐ

Ⓑ
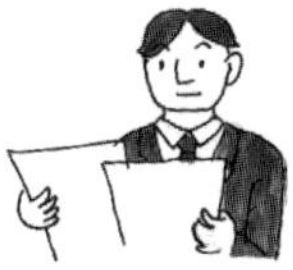
Ⓒ
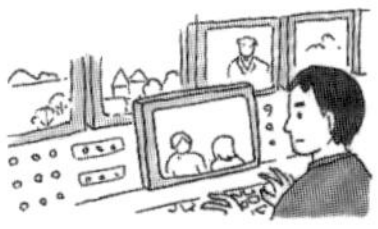
Ⓓ
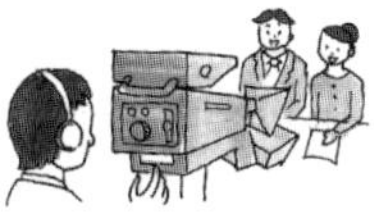
Ⓔ
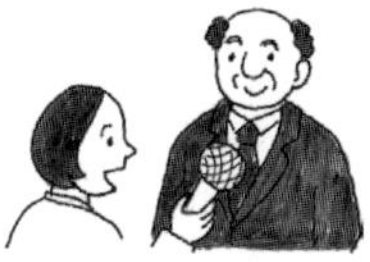

(1) Ⓐ～Ⓔの仕事の名前を［　］から選んで記号で答えましょう。

Ⓐ		Ⓑ		Ⓒ		Ⓓ		Ⓔ	

㋐ 原稿（げんこう）チェック　㋑ 編集（へんしゅう）会議　㋒ 映像（えいぞう）の編集
㋓ 放送　㋔ 取材

(2) Ⓐ～Ⓔの仕事を次のような種類に分け、番号で答えましょう。

① 情報を集める〔　　〕　② 情報を選ぶ〔　　〕〔　　〕
③ 情報を伝える〔　　〕〔　　〕

4 次の①～③の気象（きしょう）情報は、どの仕事の人が役立てていますか。文とあう仕事を線で結びましょう。

① 明日は風が強いから船を出さないでおこう。　・　　・㋐ スーパーマーケット

② 明日は、暑いからアイスクリームを多めに入荷しよう。　・　　・㋑ 農業

③ 気温がかなり低くなりそうだ。田んぼの水深を上げて備（そな）えよう。　・　　・㋒ 漁業

ジャンプ

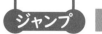

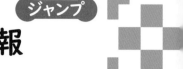

日本のくらしの中の情報

1 次のグラフは、平日に4つのメディアをそれぞれ何分間利用しているかを調べたものです。あとの問いに答えましょう。

〈1日あたりのメディア利用時間〉

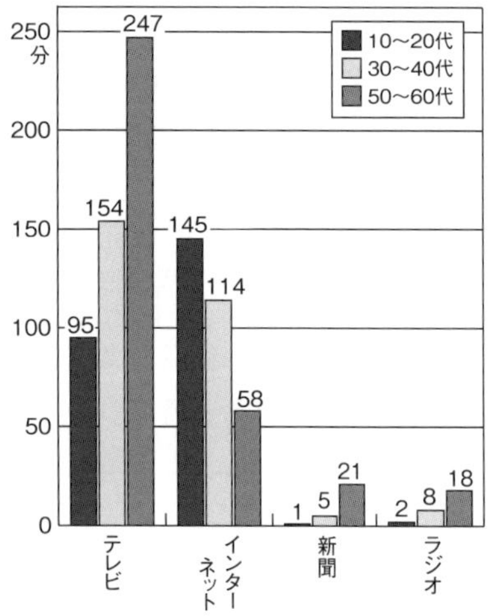

（総務省資料より作成）

(1) 各年代で、一番利用されているメディアは何ですか。

㋐ 10～20代 (　　　　　)

㋑ 30～40代 (　　　　　)

㋒ 50～60代 (　　　　　)

(2) 10～20代がほとんど利用していないメディアを、2つ答えましょう。

(　　　　　)(　　　　　)

(3) 次の特ちょうは、この4つのメディアの中のどれにあたりますか。

(　　　　　)

自分の関心のある情報（じょうほう）を切りぬいて、保存（ほぞん）しておくことができる。

2 次の①～④で、情報を送る側が注意することには㋐、受け取る側が注意することには㋑を（　）に書いて答えましょう。

① (　　) 正確（せいかく）で役立つ情報を流す。

② (　　) 情報にふりまわされず、自分で確（たし）かめることが大切。

③ (　　) しっかりと目的をもち、必要な情報だけを手に入れる。

④ (　　) 個人（こじん）のプライバシーにかかわる情報は流さない。

3 次の図を見て、あとの問いに答えましょう。

〈地震のゆれの感知から住民に情報がとどくまで〉

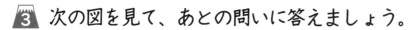

地震計
地震のゆれ
感知
気象庁（きしょうちょう）
緊急地震速報（きんきゅうじしんそくほう）
放送局 → テレビ ラジオ
放送局 → スマートフォン パソコン
消防（しょうぼう） 市町村など → 防災無線（ぼうさい）
（ひなん情報を住民に出す）
☆場所によっては、ゆれの方が先に来てしまうこともあります。

(1) 気象庁が大きな地震が予想されたときに出す速報は何ですか。

（　　　　　　　　）速報

(2) 自然災害が起こったときに、安全な場所に逃げられるように出す情報を何といいますか。　　（　　　　　　　）情報

(3) (2)は、市・町・村などでは何を使って住民にすばやく伝えますか。　　（　　　　　　　）

(4) 災害などで電気が使えない緊急のときに、情報を手に入れるのに役立つものは何ですか。　　（　　　　　　　）

4 次のグラフは、警察（けいさつ）が相談を受けたインターネット上でのトラブルを表しています。あとの問いに答えましょう。

〈警察が相談を受けた件数（けんすう）と割合（わりあい）〉

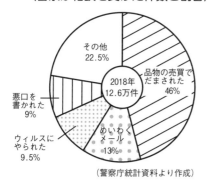

その他 22.5%
品物の売買でだまされた 46%
2018年 12.6万件
悪口を書かれた 9%
ウィルスにやられた 9.5%
めいわくメール 13%
（警察庁統計資料より作成）

(1) 半分近くある相談内容（ないよう）は何ですか。

（　　　　　　　）

(2) めいわくメールと悪口を書かれたの割合をあわせると、何%になりますか。　（　　　　　）%

⑪ イメージマップ▶ 日本の自然災害・環境問題

☆ おもな自然災害…「ハザードマップ」（地域の防災マップ）

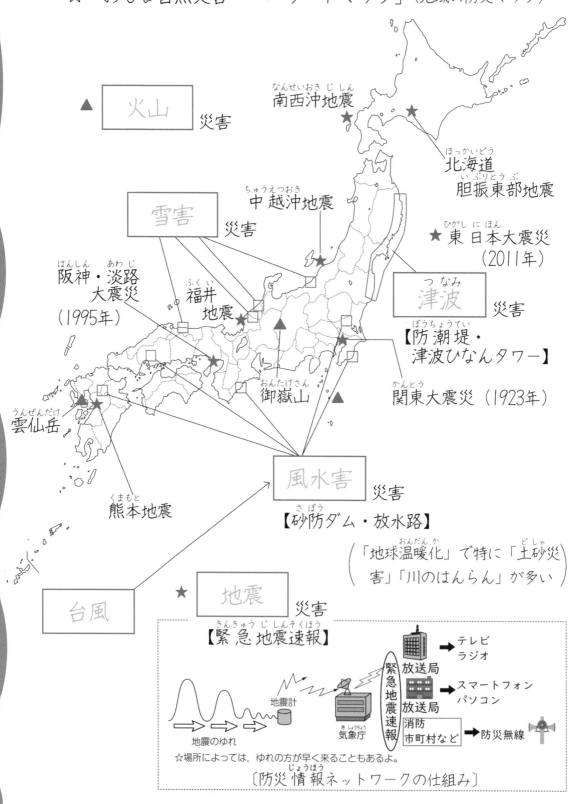

▲ | 火山 | 災害

南西沖地震

北海道
胆振東部地震

中越沖地震

雪害 災害

★ 東日本大震災
（2011年）

阪神・淡路
大震災
（1995年）

福井
地震

津波 災害

【防潮堤・
津波ひなんタワー】

御嶽山

関東大震災（1923年）

雲仙岳

風水害 災害

熊本地震

【砂防ダム・放水路】

「地球温暖化」で特に「土砂災
害」「川のはんらん」が多い

★ 地震 災害

台風

【緊急地震速報】

放送局 → テレビ
ラジオ

緊
急
地
震
速
報

放送局 → スマートフォン
パソコン

地震計

消防
市町村など → 防災無線

地震のゆれ

気象庁

☆場所によっては、ゆれの方が早く来ることもあるよ。

〔防災情報ネットワークの仕組み〕

☆ 災害を防ぐ…〔森林の働き〕

二酸化炭素をきゅうしゅうする

動物のすみか

水をたくわえる

風や雪を防ぐ

土をささえる

空気をきれいにする

木材をつくる

そう音を防ぐ

きれいな水

やすらぎの場

☆ 森林を守り・育てる

植林 → 下草がり → 枝打ち → 間ばつ → 切り出し

（雑草をかる）

（いらない枝を切り落とす）

（太陽がよく当たるように混み合っている木を切る）

☆ 公害をこえて

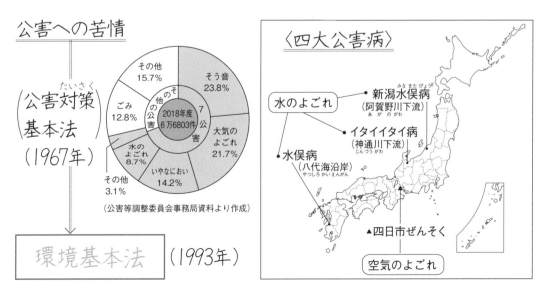

公害への苦情

（公害対策）基本法（1967年）

環境基本法 （1993年）

その他 15.7%
そう音 23.8%
ごみ 12.8%
他のその公害
2018年度 6万6803件
7公害
大気のよごれ 21.7%
水のよごれ 8.7%
いやなにおい 14.2%
その他 3.1%

（公害等調整委員会事務局資料より作成）

〈四大公害病〉

水のよごれ

新潟水俣病（阿賀野川下流）

イタイイタイ病（神通川下流）

水俣病（八代海沿岸）

四日市ぜんそく

空気のよごれ

ステップ

自然災害を防ぐ取り組み

1 次の自然災害について、あとの問いに答えましょう。

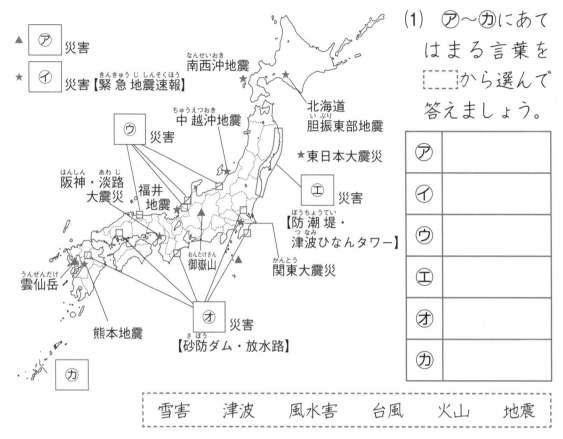

▲ ㋐ 災害
★ ㋑ 災害【緊急地震速報】
㋒ 災害
㋓ 災害
【防潮堤・津波ひなんタワー】
㋔ 災害
【砂防ダム・放水路】
㋕
南西沖地震
北海道胆振東部地震
中越沖地震
★東日本大震災
阪神・淡路大震災
福井地震
御嶽山
関東大震災
雲仙岳
熊本地震

(1) ㋐～㋕にあてはまる言葉を[　]から選んで答えましょう。

㋐	
㋑	
㋒	
㋓	
㋔	
㋕	

雪害　津波　風水害　台風　火山　地震

(2) 気候と関係する災害を、㋐～㋕の中から3つ選びましょう。

〔　　〕〔　　〕〔　　〕

(3) 次の①～③は、㋐～㋕のどの災害のひ害を減らすための設備ですか。一番関係しているものを記号で答えましょう。

①

（すなを防ぐ）　©国土交通省

（　　）

②

（高潮を防ぐ）　©岩手県

（　　）

③

（なだれを防ぐ）

（　　）

学びのディープポイント！ 日本は国土の多くが山地で、火山大国だよ。だから地震も多いんだ。また、台風の通り道になると、海に囲まれていることから津波によるひ害なども毎年のようにおきている災害大国でもあるんだ。その中でもひ害を最小限におさえる取り組みとして気象情報や地震なども事前に報告されることが増えてきたね。

学習日
／

(4) 次の説明にあてはまる災害を㋐〜㋕から選んで答えましょう。

① 日本のどこで起きても不思議ではないが、特に1995年に阪神・淡路で、2011年に東日本で起きた大災害。　（　）

② 1991年の雲仙普賢岳のばく発による高温度の水蒸気が流れてきたり、2014年の御岳山のふん火で岩石が飛んできた災害。　（　）

③ 海底で地震が起きたときなど、急に高波が発生して陸地をおそう。2011年の東日本では多くのひ害を出した。　（　）

2 次の自然災害を防ぐための取り組みの名前とそれに関係する文を線で結びましょう。

① 砂防ダム　・

② 防潮堤　・

③ 気象庁　・

④ ハザードマップ・

⑤ 防災訓練　・

・㋐ 災害が起きたとき、ひ害のおよぶはん囲などを予測した地図。

・㋑ 災害から身を守るために、事前にひなん場所やにげ道を確認すること。

・㋒ 土砂くずれが起こりそうな山間部につくられたもの。

・㋓ 緊急地震速報や津波警報などひなんに必要な情報を出すところ。

・㋔ 津波や高潮を防ぐために海岸につくられたもの。

森林のさまざまな働き

1 次の絵を見て、あとの問いに答えましょう。

(1)　㋐～㋔にあてはまる言葉を［　　］から選んで答えましょう。

㋐　土を（　　　　　　）　　㋑　木材を（　　　　　　）

㋒　動物の（　　　　　　）　　㋓　空気を（　　　　　　）にする

㋔　人々の（　　　　　　）の場

すみか　　きれい　　支える　　やすらぎ　　つくる

(2)　森林は、災害や公害を防ぐ働きもあります。
あてはまる言葉を［　　］の中から選んで答えましょう。

①　災害　　（　　　　　　）（　　　　　　）

②　公害　　（　　　　　　）（　　　　　　）

津波　　そう音　　土砂くずれ　　しん動

学びのディープポイント！ 森林には、たくさん効果があることがわかるね。こうした状況もふまえて、都市部にも緑を増やすようになってきたんだ。ただ、林業を営む人や管理をする人が減っており、農業の問題だけでなく都市部への人口や仕事の集中の副作用がここでもおきているんだ。

2 森林を育てるためにしている作業について、㋐〜㋒にあてはまる言葉を ⬚ から選んで（ ）に答えましょう。

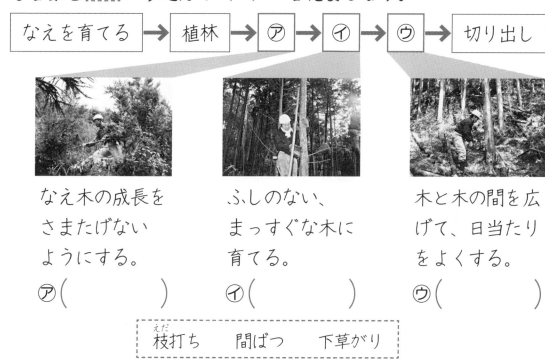

| なえを育てる | → | 植林 | → | ㋐ | → | ㋑ | → | ㋒ | → | 切り出し |

| なえ木の成長をさまたげないようにする。 | ふしのない、まっすぐな木に育てる。 | 木と木の間を広げて、日当たりをよくする。 |

㋐（　　　　　）　　㋑（　　　　　）　　㋒（　　　　　）

⬚ 枝打ち（えだ）　　間ばつ　　下草がり

3 森林を守る取り組みとして、正しい文に〇をつけましょう。

① （　　） 木は自然に成長するものだから、人の手は入れない。

② （　　） 枝打ちや間ばつをして、木の成長を助ける。

③ （　　） 安い外国の材木を輸入（ゆにゅう）して、日本の木材は使わない。

④ （　　） 古い木を守るために、若い木から切りたおす。

4 最近、森林があれてきている原因（げんいん）について正しい言葉に〇をつけましょう。

（①国産木材・輸入木材）のほうが、ねだんが安いのと、林業で働く人が（②減って（へ）・増えて（ふ））きて、管理（かんり）ができていないから。

主な公害と四大公害病

🗻 次の絵やグラフを見て、あとの問いに答えましょう。

〈7公害〉

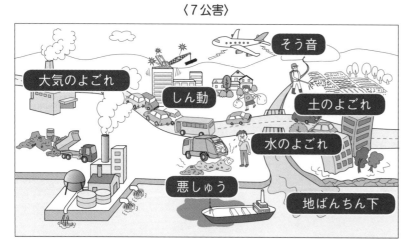

〈公害に対する苦情のうちわけ〉

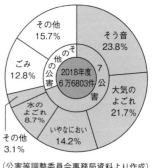

そう音 23.8%
大気のよごれ 21.7%
いやなにおい 14.2%
水のよごれ 8.7%
その他 3.1%
ごみ 12.8%
その他 15.7%

2018年度 7公害 6万6803件

（公害等調整委員会事務局資料より作成）

(1) ①〜⑤にあてはまる公害を答えましょう。

	原因	公害名
①	工場や家庭などからの排水で、川や海がよごれる。	
②	工場からのけむりや、自動車の排気ガスで、空気がよごれる。	
③	地下水などのくみすぎなどで、建物がかたむく。	
④	飛行機や工事などで、音がうるさい。	
⑤	工場や鉱山などからの排水で、土地がよごれる。	

(2) (1)の中で、苦情が全体の割合の中で2割以上ある公害を番号で答えましょう。　（　　　　）（　　　　）

学びのディープポイント！　公害は世界全体にあり、工業がどんどん発達していくうえでおこった人災といえるね。でも、地域に住む人々が病気になるなど、必ずなくしていかなくてはいけないものだよ。これからも環境問題をうったえつづけていくことで、そうしたことがおきない環境にやさしい技術が開発されていくことが大事だね。

学習日

2 次の地図は、四大公害病が起こった場所を表しています。この地図を見て、あとの問いに答えましょう。

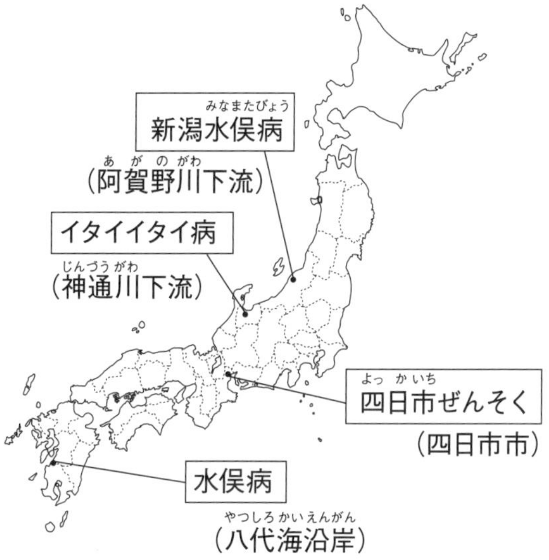

新潟水俣病（みなまたびょう）
（阿賀野川下流）（あがのがわ）

イタイイタイ病
（神通川下流）（じんづうがわ）

四日市ぜんそく（よっかいち）
（四日市市）

水俣病
（八代海沿岸）（やつしろかいえんがん）

(1) 次の①～③が原因でおこった公害病を答えましょう。

① 鉱山から出たカドミウム
（　　　　　　　　　）

② 石油化学工場から出たけむり
（　　　　　　　　　）

③ 化学工場が流したメチル水銀
（　　　　　　　　　）
（　　　　　　　　　）

(2) (1)の公害病の様子を、⑦～⑦から選んで記号を答えましょう。

① 〔　　　〕　　　② 〔　　　〕　　　③ 〔　　　〕

⑦ 息苦しく、のどがいたく、はげしいぜんそくがある。
⑦ 骨（ほね）がもろくなり、折れやすく、はげしいいたみで苦しむ。
⑦ 手足がしびれ、目や耳が不自由になり、死ぬこともある。

(3) 公害病が発生したのは、「地域の環境（ちいきのかんきょう）」と「工場の生産力を高めること」のどちらがゆう先されたからですか。

（　　　　　　　　　　　　　　　　　）

(4) 次の文で、正しい言葉のほうに○をつけましょう。
公害をなくすために、地球全体の環境問題までふみこんだきまりが、（ 公害対策基本法（たいさくきほん）・環境基本法 ）です。

要点まとめ－㉑

日本の自然災害・環境問題

1 次の図中の □ にあてはまる言葉を ┈ から選んで答えましょう。

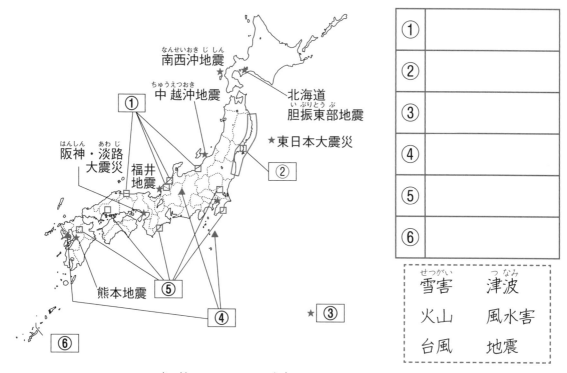

①	
②	
③	
④	
⑤	
⑥	

雪害　津波
火山　風水害
台風　地震

2 図を見て、自然災害や公害を防ぐ森林の働きを図から選んで記号で答えましょう。

① 地球温暖化 〔　〕　② 雪害 〔　〕

③ 土砂くずれ 〔　〕〔　〕　④ そう音 〔　〕

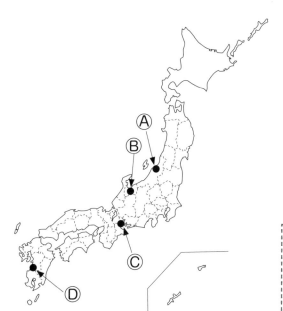

3　次の地図を見て、あとの問いに答えましょう。

(1)　四大公害病について発生した場所と原因〔げんいん〕を記号で答えましょう。

公害病名	場所	原因
水俣病〔みなまた〕		
四日市ぜんそく〔よっかいち〕		
イタイイタイ病		
新潟水俣病		

Ⓐ
Ⓑ
Ⓒ
Ⓓ

⑦　鉱山〔こうざん〕から出たカドミウム

⑦　化学工場から出たメチル水銀

⑦　工場から出た亜硫酸ガス〔ありゅうさん〕

(2)　四大公害病について、公害をおこした会社や工場に対し裁判〔さいばん〕所の判断〔しょ はんだん〕で正しいものに○をつけましょう。

①　（　　　）　会社や工場とひ害者のどちらにも責任をみとめ、〔せきにん〕和解〔わかい〕することをすすめた。

②　（　　　）　会社や工場に責任はないとみとめ、ひ害者のうったえをしりぞけた。

③　（　　　）　会社や工場に責任がるあることをみとめ、ばいしょう金の支はらいを命じた。

(3)　公害を防ぐためにつくられたきまりは、公害対策基本法から〔たいさく きほん〕何になりましたか。

（　　　　　　）基本法

日本の自然災害・環境問題

🗻 次の絵を見て、あとの問いに答えましょう。

(1) 森林にふった雨は、地下と枝葉にそれぞれ何%たくわえられますか。 ① 地下(　　　　　)%　② 枝葉(　　　　　)%

(2) 森林が「緑のダム」と言われている理由を、図を見て答えましょう。

森林にふった雨は、ゆっくりと地下にしみこんでいき、
①(　　　　　　　　　　)となってたくわえられ、少しずつ②(　　　　　　　)
に流れ出しています。そのため、川の水がかれたり、
③(　　　　　　　　)になることを防いでくれているからです。

(3) 自然災害を防ぐために木を植えているところがあります。次の説明文と関係するものを┌┄┄┐から選んで答えましょう。

① 強風から家や田畑などを守る。　　　　(　　　　　　　)

② 飛んでくる砂から家や田畑を守る。　　(　　　　　　　)

┌┄┄┄┄┄┄┄┄┄┄┄┄┄┄┄┄┄┄┄┄┄┄┐
│ 防砂林　　防雪林　　防風林 │
└┄┄┄┄┄┄┄┄┄┄┄┄┄┄┄┄┄┄┄┄┄┄┘

(4) 森林を育てるためにしている作業（①～③）の理由を、㋐～㋒から選んで〔　〕に答えましょう。

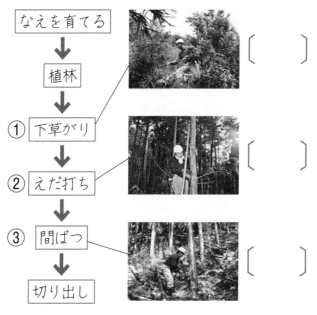

なえを育てる
↓
植林
↓
① 下草がり
↓
② えだ打ち
↓
③ 間ばつ
↓
切り出し

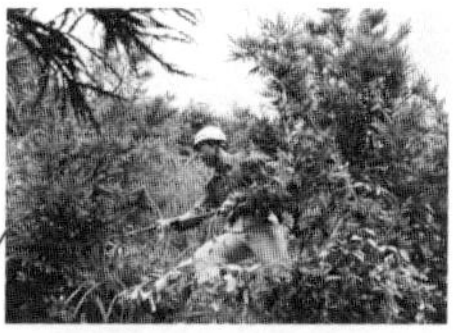
〔　　〕

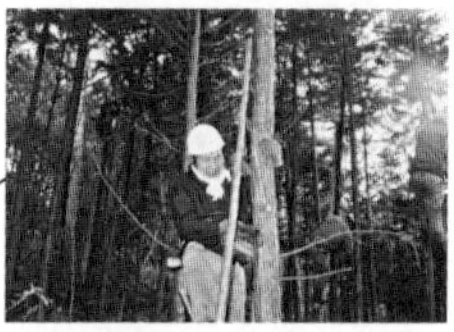
〔　　〕

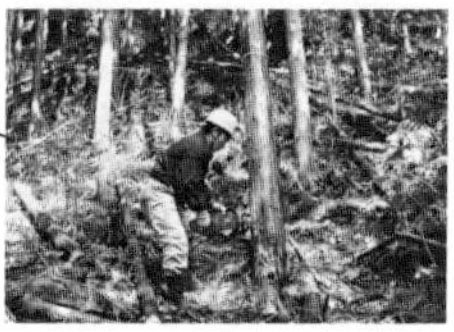
〔　　〕

㋐ 木と木の間を広げて、日当たりをよくする。

㋑ なえ木の成長をさまたげないようにする。

㋒ ふしのないまっすぐな木を育てる。

(5) 大切な森林など、世界の自然を守るための条約（じょうやく）を、[ ]から選んで答えましょう。　（　　　　　）条約

ラムサール　　世界自然遺産（いさん）　　世界文化遺産

[2] 次の森林の働きと関係のある文を線で結びましょう。

① 動物のすみかとなる。　・　　　・ ㋐ 大きく育った木は、切り出される。

② 木材を生産する。　・　　　・ ㋑ ドングリなどの実や、枝や葉をしげらせる。

③ 人や動物に大切なものをつくり出している。　・　　　・ ㋒ 空気中の二酸化炭素（にさんかたんそ）をすって、酸素を出す。

[I] 付録・都道府県－①

[A]～[H]の地方名と、①～㊼の都道府県名を書きましょう。

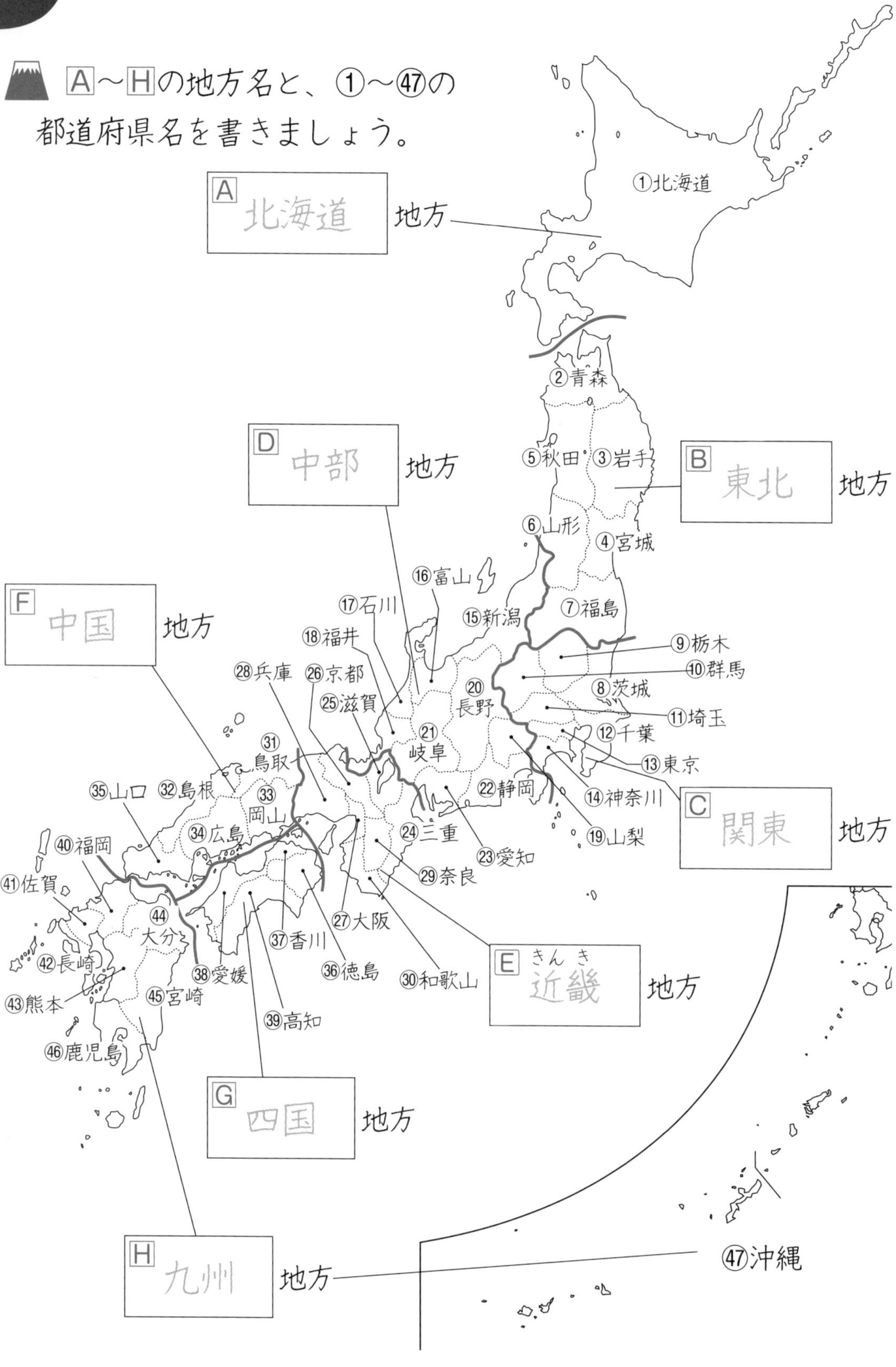

[A] 北海道 地方
①北海道
②青森
⑤秋田
③岩手
[B] 東北 地方
⑥山形
④宮城
⑦福島
[D] 中部 地方
⑯富山
⑰石川
⑮新潟
⑱福井
⑨栃木
⑩群馬
⑧茨城
⑳長野
⑪埼玉
⑫千葉
⑬東京
⑭神奈川
⑲山梨
[C] 関東 地方
[F] 中国 地方
㉘兵庫
㉖京都
㉕滋賀
㉛鳥取
㉑岐阜
㉒静岡
㉟山口
㉜島根
㉝岡山
㉞広島
㉔三重
㉓愛知
㊵福岡
㉙奈良
㊶佐賀
㊹大分
㉗大阪
㊲香川
㊷長崎
㊳愛媛
㊱徳島
㉚和歌山
[E] 近畿 地方
きんき
㊸熊本
㊺宮崎
㊴高知
㊻鹿児島
[G] 四国 地方
[H] 九州 地方
㊼沖縄

[A]	①			
[B]	② 県	③ 県	④ 県	⑤ 県
	⑥ 県	⑦ 県		
[C]	⑧ 県	⑨ 県	⑩ 県	⑪ 県
	⑫ 県	⑬	⑭ 県	
[D]	⑮ 県	⑯ 県	⑰ 県	⑱ 県
	⑲ 県	⑳ 県	㉑ 県	㉒ 県
	㉓ 県			
[E]	㉔ 県	㉕ 県	㉖	㉗
	㉘ 県	㉙ 県	㉚ 県	
[F]	㉛ 県	㉜ 県	㉝ 県	㉞ 県
	㉟ 県			
[G]	㊱ 県	㊲ 県	㊳ 県	㊴ 県
[H]	㊵ 県	㊶ 県	㊷ 県	㊸ 県
	㊹ 県	㊺ 県	㊻ 県	㊼ 県

🗻 A～Hの地方名と、①～㊼の
都道府県名を書きましょう。

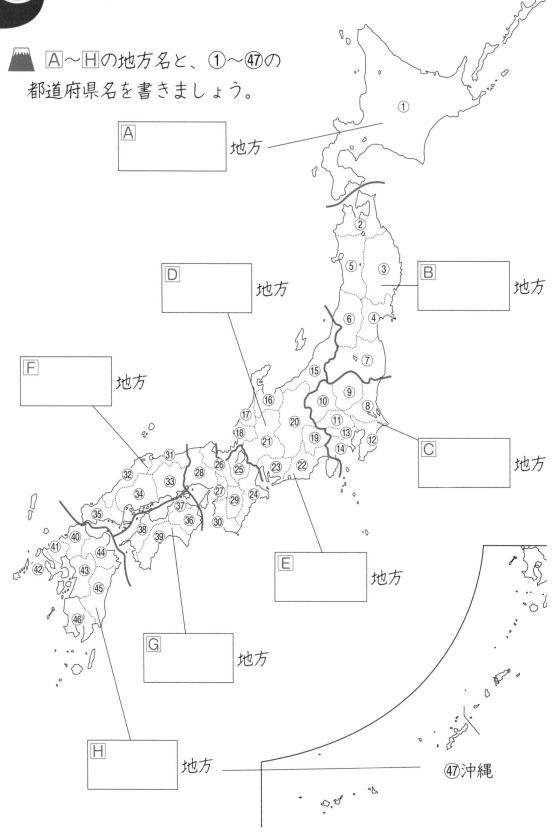

A [　　　　　　] 地方

B [　　　　　　] 地方

C [　　　　　　] 地方

D [　　　　　　] 地方

E [　　　　　　] 地方

F [　　　　　　] 地方

G [　　　　　　] 地方

H [　　　　　　] 地方

㊼沖縄

[A]	①			
[B]	② 県	③ 県	④ 県	⑤ 県
	⑥ 県	⑦ 県		
[C]	⑧ 県	⑨ 県	⑩ 県	⑪ 県
	⑫ 県	⑬	⑭ 県	
[D]	⑮ 県	⑯ 県	⑰ 県	⑱ 県
	⑲ 県	⑳ 県	㉑ 県	㉒ 県
	㉓ 県			
[E]	㉔ 県	㉕ 県	㉖	㉗
	㉘ 県	㉙ 県	㉚ 県	
[F]	㉛ 県	㉜ 県	㉝ 県	㉞ 県
	㉟ 県			
[G]	㊱ 県	㊲ 県	㊳ 県	㊴ 県
[H]	㊵ 県	㊶ 県	㊷ 県	㊸ 県
	㊹ 県	㊺ 県	㊻ 県	㊼ 県

③ ➡ 付録・今に残る昔の国の名前

🗻 次の昔の地図を見て、右の表を完成させましょう。
他にもあるかさがしてみましょう。

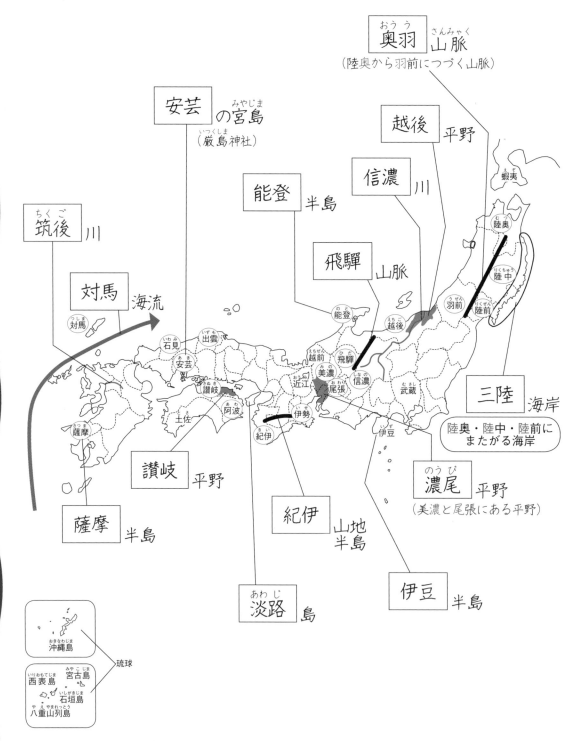

奥羽 山脈（おうう さんみゃく）
（陸奥から羽前につづく山脈）

安芸 の宮島（みやじま）（いつくしま）
（厳島神社）

越後 平野

信濃 川

能登 半島

筑後 川（ちくご）

飛騨 山脈

対馬 海流（つしま）

三陸 海岸
陸奥・陸中・陸前に
またがる海岸

讃岐 平野

紀伊 山地
半島

濃尾 平野（のうび）
（美濃と尾張にある平野）

薩摩 半島

淡路 島（あわじ）

伊豆 半島

琉球
沖縄島（おきなわじま）
西表島（いりおもてじま）
宮古島（みやこじま）
石垣島（いしがきじま）
八重山列島（やえやまれっとう）

昔の国名	今の都道府県名	動物の名前
蝦夷		しか
越前		がに
近江		牛
土佐		犬

昔の国名	今の都道府県名	食べ物の名前
陸奥		（りんご）
信濃		そば
讃岐		うどん
薩摩		いも

昔の国名	今の都道府県名	物の名前
伊勢		神宮
出雲		大社
石見		銀山
琉球		ガラス

昔の国名	今の都道府県名	文化の名前
阿波		おどり

昔の国名	今の都道府県名	東京スカイツリーの高さ
武蔵		高さ　　　　　　　　m

※数字で「むさし」と書いてみよう。

④ → 付録・日本の世界遺産

日本には、世界遺産が⊛世界文化遺産と⊛世界自然遺産をあわせて23あります（2020年6月現在）。その中から主なものを地図に表しました。

表の記号のらんにあてはまる㋐〜㋞を入れて、それがある都道府県名を答えましょう。

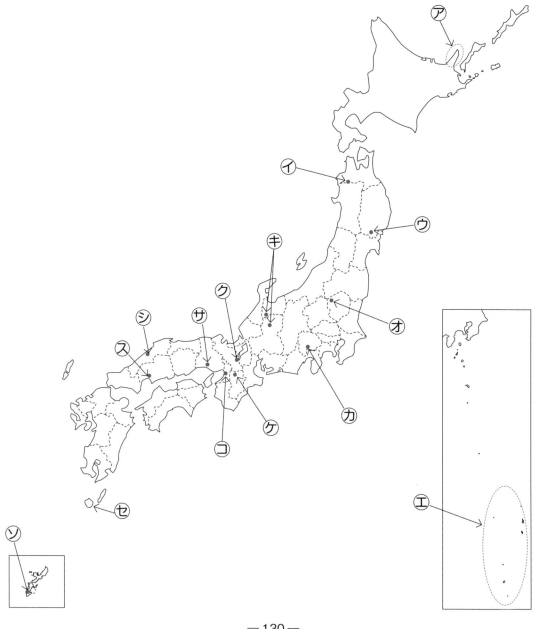

Ⓐ　世界文化遺産

遺産の象ちょう	記号	都道府県名
法隆寺地域の仏教建造物 （日本初登録　1993年12月）		
姫路城 （日本初登録　1993年12月）		
古都京都の文化財 （京都市、宇治市、大津市）		
原爆ドーム		
琉球王国のグスク 及び関連遺産群		
石見銀山遺跡とその文化的景観		
日光の社寺		
富士山—信仰の対象と芸術の源泉		
平泉—仏国土（浄土）を表す建築・ 庭園及び考古学的遺産群		
白川郷・五箇山の合掌造り集落		
百舌鳥・古市古墳群		

Ⓑ　世界自然遺産

遺産名	記号	都道府県名
屋久島 （日本初登録　1993年12月）		
白神山地 （日本初登録　1993年12月）		
知床		
小笠原諸島		

5年　答え

（※イメージマップの解答は省略しています）

世界から見た日本の位置と領土・領海

＜p.6－7＞世界から見た日本

1 〈六大陸〉
- ① ユーラシア　　② 北アメリカ
- ③ 南アメリカ　　④ アフリカ
- ⑤ オーストラリア　⑥ 南極

〈三大洋〉
- Ⓐ インド洋　　　Ⓑ 太平洋
- Ⓒ 大西洋

2 (1)

①	北極
②	南極
③	赤道
④	経線
⑤	緯線

(2)
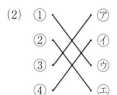

＜p.8－9＞日本の位置と領土・領海

1 (1)
- ① 北　　　　② ユーラシア
- ③ 南西　　　④ 本州
- ⑤ 九州

(2)
- Ⓐ 日本海　　Ⓑ オホーツク海
- Ⓒ 太平洋　　Ⓓ 東シナ海

(3)
- �北 択捉島　　㊝東 南鳥島
- ㊙南 沖ノ鳥島　　㊄西 与那国島

(4) 南

(5)
- ㋐ ロシア連邦
- ㋑ 中華人民共和国
- ㋒ 朝鮮民主主義人民共和国
- ㋓ 大韓民国

(6) 北方領土（北方四島）　〔　㋐　〕

要点まとめ－①

＜p.10－11＞世界から見た日本の位置と領土・領海

1 (1) ユーラシア
(2) オーストラリア
(3) アフリカ，北アメリカ
(4) 赤道
(5) ① 太平洋　　② 大西洋
　　③ インド洋

2 (1) ① 中華人民共和国
　　② ロシア連邦
　　③ 大韓民国
　　Ⓐ 択捉島　　　Ⓑ 南鳥島
　　Ⓒ 与那国島　　Ⓓ 沖ノ鳥島
(2) Ⓓ
(3) ㋐ 東シナ海　　㋑ 日本海
　　㋒ オホーツク海

要点まとめ－②

＜p.12－13＞

世界から見た日本の位置と領土・領海

1 (1) ① ユーラシア
　　② オーストラリア
　　③ アフリカ
　　④ ユーラシア
　　⑤ 北アメリカ
(2) （太平洋→）インド洋→
　　大西洋→太平洋
(3) 南アメリカ

[2] (1)

①	本州
②	北海道
③	九州
④	四国

(2)

[北]	択捉島
[西]	与那国島

(3) 北方領土(北方四島)，ロシア連邦

(4) ㋐ 日本(海)，大韓民国

㋑ 東シナ(海)，中華人民共和国

日本の地形・気候とそこでのくらし

<p.16－17>日本の地形（山地・川・平地）

▲ (1)

①	日高	②	奥羽	③	北上
④	越後	⑤	関東	⑥	飛驒
⑦	木曽	⑧	赤石	⑨	紀伊
⑩	中国	⑪	四国	⑫	九州

(2)

㋐	石狩，石狩	㋑	十勝，十勝
㋒	庄内，最上	㋓	越後，信濃
㋔	仙台，北上	㋕	関東，利根
㋖	濃尾，木曽	㋗	筑紫，筑後

Ⓐ	根釧	Ⓑ	甲府
Ⓒ	琵琶湖	Ⓓ	シラス

<p.18－19>高い土地と低い土地でのくらし

[1] (1) 1300

(2) ① 27 ② 19

(3) ① 火山灰 ② やせた

③ 米づくり ④ 牛のフン

⑤ 高原野菜

(4) 牧場

[2] (1) ① 低い ② 水害

③ 堤防 ④ 輪中

⑤ 水屋 ⑥ 排水機場

(2) 衣類，米

<p.20－21>日本の気候区分

▲ (1) ① 北海道 ② 太平洋側

③ 中央高地 ④ 瀬戸内海

⑤ 日本海側 ⑥ 南西諸島

(2) ① [あ] 日本海 [い] 太平洋

② Ⓐ 夏 Ⓑ 冬

(3) ㋐ ②（静岡） ㋑ ⑤（上越）

㋒ ①（帯広） ㋓ ⑥（那覇）

㋔ ④（高松） ㋕ ③（松本）

<p.22－23>あたたかい土地と寒い土地でのくらし

[1] (1) 台風

(2)

木で囲む	かわらをしっくいで固める
低い屋根	さんごの石がき

(順不同)

(3) ① 少なく ② 川

③ 海 ④ ダム

[2] (1) 12，3

(2) ① 二重，タンク，断熱材

② 1m

③ ロードヒーディング

④ 急に

要点まとめ－③

<p.24－25>日本の地形・気候とそこでのくらし

[1] ① 根釧 ② 日高

③ 石狩 ④ 奥羽

⑤ 庄内（平野）・最上（川）

⑥ 越後（平野）・信濃（川）

⑦ 関東（平野）利根（川）

⑧ 飛驒

⑨ 濃尾（平野）・木曽（川）

⑩ 琵琶湖 ⑪ 紀伊 ⑫ 九州

[2] (1)

Ⓐ	[い]	②
Ⓑ	[う]	①

(2) ㋐ 高原野菜

㋑ 輪中，水屋 （順不同）

(3) Ⓐ 高い，ハイキング，スキー

Ⓑ 川，ヨット

要点まとめ－④

<p.26－27>日本の地形・気候とそこでのくらし

[1]

Ⓐ	北海道	㋕	Ⓑ	日本海側	㋑
Ⓒ	太平洋側	㋐	Ⓓ	中央高地	㋓
Ⓔ	瀬戸内海	㋔	Ⓕ	南西諸島	㋒

[2] (1) 沖縄県 ㋐，㋓，㋔

北海道 ㋑，㋒，㋕

(2) 沖縄県 サトウキビ，パイナップル

北海道 じゃがいも，牛乳

（それぞれで順不同）

日本の農産業（米づくり）

<p.30－31>米づくりとそのさかんな地域

[1] (1) 東北，27.5

(2)

1	越後	信濃
2	石狩	石狩
3	秋田	雄物
4	庄内	最上
5	仙台	北上

[2] (1) ㋐，㋒

(2) A

(3) ① 平地，雪どけ水

② 高く，長い

<p.32－33>米の生産量と年間スケジュール

[1] (1) ②，④

(2) 新潟県，北海道，秋田県，山形県，宮城県 （順不同）

[2] (1) ① ㋑，トラクター

② ㋘，コンバイン

③ ㋐，ビニールハウス

④ ㋓，田植え機

(2) ① ㋕ ② ㋙ ③ ㋒

<p.34－35>米づくりの工夫

[1] (1) 耕地整理（ほ場整備）

(2) 農業機械

(3) 短くなった

(4) ① 1960年 174，2018年 22

② 8

③ 稲かり

[2] ① コシヒカリ ② 強い

③ あきたこまち ④ 品種改良

[3] ① 農薬 ② 化学肥料

③ たい肥 ④ 水の管理

⑤ 種もみ

<p.36－37>これからの米づくり

[1] (1) ① ㋐ 1025 ㋑ 30～59才

② ㋐ 261 ㋑ 60才以上

③ 4

(2) ① 減っている

② ㋐ 転作 ㋑ 生産調整

[2] ① ブランド米 ② 無洗米

③ 米粉パン

④ アイガモ ⑤ たい肥

⑥ 共同 ⑦ 大きぼ

要点まとめ－⑤

<p.38－39>日本の農産業（米づくり）

■ (1)
1位	新潟県
2位	北海道
3位	秋田県
4位	山形県

(2)
1位	越後（平野）	信濃（川）
2位	石狩（平野）	石狩（川）
3位	秋田（平野）	雄物（川）
4位	庄内（平野）	最上（川）

(3) ① 雪どけ水　② 平地
　　③ 季節風　④ 高く
　　⑤ 長く

■ (1) Ⓐ 4，〔稲かり・だっこく〕
　　Ⓑ 2，〔田植え〕
　　Ⓒ 3，〔農薬まき〕
　　Ⓓ 1，〔田おこし〕

(2) ① Ⓐ　② Ⓓ

(3) 種もみの直まき

要点まとめ－⑥

<p.40－41>日本の農産業（米づくり）

■ (1) ① 稲かり，草とり，田植え（順不同）
　　② 8

(2) 1.5

(3) ① 耕地整理　② 農業機械
　　③ 品種改良　④ 短時間
　　⑤ 上げる

■ (1) ① 変化　減って
　　② 1993　減った　外国米

(2) ① 安全　アイガモ　たい肥
　　② 品種改良
　　③ 無洗米

日本の農産業（野菜・くだもの・ちく産）

<p.44－45>野菜・くだものづくりのさかんな地域

■ Ⓐ すずしい（地域での農業）
　　夏，高原野菜
　　＜作物＞レタス，キャベツ（順不同）

Ⓑ あたたかい（地域での農業）
　　冬，ビニールハウス
　　＜作物＞ピーマン，なす　（順不同）

Ⓒ 近郊（地域での農業）
　　大都市

■ Ⓐ あたたかい（気候）
　　㋔ 和歌山（県）　㋕ 愛媛（県）
　　㋖ 熊本（県）
　　みかん

Ⓑ すずしい（気候）
　　㋐ 青森（県）　㋒ 長野（県）
　　りんご

Ⓒ 昼夜の気温差（が大きい気候）
　　① ㋓ 山梨（県）
　　　 ㋑ 福島（県）
　　　 もも
　　② ㋓ 山梨（県）
　　　 ㋒ 長野（県）
　　　 ぶどう

<p.46－47>野菜・くだもの・ちく産のさかんな地域

■ ①〈すずしい気候〉Ⓐ
　　〔キャベツ〕〔レタス〕
　　㋐ 群馬　㋑ 長野
　②〈あたたかい気候〉Ⓑ
　　〔ピーマン〕〔なす〕
　　㋒ 高知　㋓ 宮崎

③〈すずしい気候〉Ⓒ

〔りんご〕

㋔ 青森　㋕ 長野

④〈あたたかい気候〉Ⓓ

〔みかん〕

㋖ 和歌山　㋗ 愛媛

[2] ①

1位	北海道
2位	栃木県
3位	熊本県

②

1位	北海道
2位	鹿児島県
3位	宮崎県

③

1位	鹿児島県
2位	宮崎県
3位	北海道

④

1位	茨城県
2位	千葉県
3位	鹿児島県

要点まとめー⑦

＜p.48－49＞日本の農産業（野菜・くだもの・ちく産）

[1] ①〔㋒〕ピーマン

②〔㋑〕キャベツ

③〔㋐〕たまご

[2]

①	長野県	②	岩手県
③	愛媛県	④	山梨県

[3] (1)

Ⓐ	シラス
Ⓑ	根釧

(2) ① 米づくり　② 広い

③ さつまいも　④ ぶた

(3) ① 低温　② 畑作

③ 草地　④ 乳牛

要点まとめー⑧

＜p.50－51＞日本の農産業（野菜・くだもの・ちく産）

[1]

冬でもあたたかい地域	Ⓑ	ピーマン	Ⓕ	みかん
夏でもすずしい気候	Ⓐ	キャベツ	Ⓓ	りんご
大都市の近く	Ⓒ	はくさい		
昼夜の寒暖差が大きい			Ⓔ	もも

[2] (1) 1位　ちく産　2位　野菜

(2) ① Ⓐ 野菜　Ⓑ くだもの

Ⓒ ちく産

②

㋐	北海道
㋑	山形県
㋒	茨城県
㋓	和歌山県
㋔	鹿児島県

日本の水産業

＜p.54－55＞水産業のさかんな地域

[1] (1) [A] オホーツク海

[B] 太平洋

[C] 日本海

[D] 東シナ海

(2)

暖流	㋑	黒潮	㋓	対馬海流
寒流	㋐	親潮	㋒	リマン海流

(3) せり

[2] (1)

1位	銚子
2位	焼津
3位	釧路
4位	八戸
5位	枕崎

(2) ① Ⓐ 〔潮目〕

㋐ プランクトン ㋑ 寒流

② Ⓑ 〔大陸だな〕

㋒ 200 ㋓ 海そう

<p.56−57>漁業の種類とその特ちょう

[1]

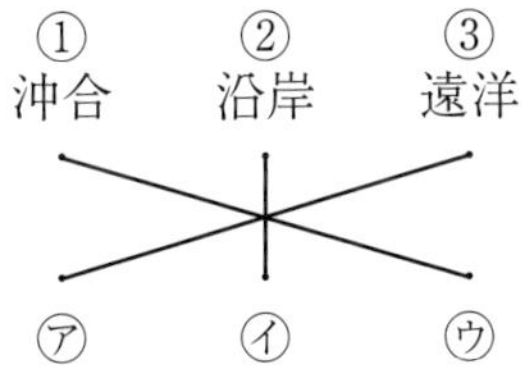

[2] ㋐ 養しょく業 ㋑ さいばい漁業

[3] (1) 沖合（漁業），遠洋（漁業）（順不同）

(2) 遠洋（漁業）

(3) ① 水産 ② 200海里

③ 制限

(4) 沖合

(5) 沿岸（漁業），養しょく（業）（順不同）

要点まとめ−⑨

<p.58−59>日本の水産業

[1] (1) ① 釧路 ② 八戸，石巻

③ 銚子，焼津 ④ 境

⑤ 松浦，枕崎

(2)

㋐	親潮	㋑	黒潮
㋒	リマン海流	㋓	対馬海流

Ⓐ	潮目	Ⓑ	大陸だな

[2] Ⓐ 〔㋑〕

① 寒流 ② 暖流

③ プランクトン

Ⓑ 〔㋐〕

① 200 ② 小さい魚

③ 海そう ④ 大きい魚

要点まとめ−⑩

<p.60−61>日本の水産業

[1] (1) Ⓐ 遠洋（漁業）

Ⓑ 沖合（漁業）

Ⓒ 沿岸（漁業）

Ⓓ 養しょく（業）

(2) ① ㋐ 水産 ㋑ 200海里

㋒ 制限

② ㋐ よごれ ㋑ とりすぎ

㋒ 安い

[2]

利点	①	計画	②	しゅう入
問題点	①	高く	②	赤潮

[3] ① ほたて貝 ② カキ

③ わかめ

[4] ③，④

日本の食生活と食料生産

<p.64−65>食生活の変化と食料生産の関係

[1] (1) 魚，野菜，たまご，米（順不同）

(2) ① パン ② 肉

(3) たまご

(4) 大豆，小麦（順不同）

[2] (1) くだもの，肉類（順不同）

(2) くだもの，牛乳など，野菜，肉類

（順不同）

(3) ① 低い，多い

② 安い，売れなく

③ 不作，輸入

<p.66-67>これからの食料生産

(1)

日　本	53 (人)	227 (kg)
アメリカ	1.5 (人)	136 (kg)

(2) ① 広い　　② 大型

③ 少なく　④ 安く

⑤ 高く

(1) 牛肉

(2) 2.5

(3) 2分の1

① 地産地消

② 安全・安心な食料生産

③ ブランド米の開発

要点まとめ－⑪

<p.68-69>日本の食生活と食料生産

(1)

えび	8%	インド	ベトナム
そば	21%	中国	アメリカ
ころも	13%	アメリカ	カナダ
つゆ	7%	アメリカ	ブラジル

(2) ㋐ 大豆　　㋑ 小麦

(1) ㋐, ㋒, ㋑

(2) ③, ④

要点まとめ－⑫

<p.70-71>日本の食生活と食料生産

(1) たまご、米　　　　　　　　(順不同)

(2) くだもの、小麦、大豆　　　(順不同)

(3) ① 洋食

② 自由

③ 安い，冷とう，輸入

(1) 焼きいも、粉ふきいも　　　(順不同)

(2) ① 地産地消

② ㋐ 農薬　　㋑ 名前

③ ㋐ 1口　　㋑ 2丁

日本の工業生産

<p.74-75>工業の種類とそのさかんな地域

(1) ㋐ 金属（工業）

㋑ 機械（工業）

㋒ 化学（工業）

㋓ せんい（工業）

㋔ 食料品（工業）

(2) ① ㋔　　② ㋒

③ ㋑　　④ ㋐

Ⓐ 京浜　　Ⓑ 中京

Ⓒ 阪神　　Ⓓ 北九州

㋐ 関東内陸　　㋑ 京葉

㋒ 東海　　㋓ 北陸　　㋔ 瀬戸内

㋐ 太平洋ベルト

<p.76-77>工業地帯・地域の特ちょう

(1) ① 原料　　② 船

③ 大都市　　④ 土地

(2) ㋐ 56 (60)　　㋑ 44 (40)

(3) ①

中京	Ⓒ
京浜	Ⓓ
阪神	Ⓑ

②

瀬戸内	㋑
関東内陸	㋒

要点まとめ－⑬

<p.78-79>日本の工業生産

(1) ① ② ③ ④

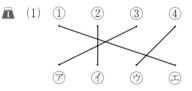

㋐ ㋑ ㋒ ㋓

(2)

重化学工業			軽工業
㋐	㋒	㋓	㋑

(3) Ⓐ せんい　Ⓑ 機械

① 軽　② 重化学

[2] (1) 太平洋ベルト

(2) ㋑

(3) ②, ③

要点まとめ−⑭

<p.80−81>日本の工業生産

[1] (1)

Ⓐ	京浜	Ⓑ	中京
Ⓒ	阪神	Ⓓ	北九州

(2) Ⓓ

(3) ㋐ Ⓑ　㋑ Ⓒ　㋒ Ⓐ

(4)

④	瀬戸内
①	関東内陸
③	北陸

(5) 機械

[2] ③, ④

日本の自動車工場と工場の特ちょう

<p.84−85>自動車工場・関連工場のしくみ

[1] (1) ㋐ プレス　㋑ ようせつ

㋒ とそう　㋓ 組み立て

㋔ 検査　㋕ 出荷

(2) ① ㋑　② ㋔　③ ㋒

④ ㋐　⑤ ㋓

(3) ㋑, ㋒

[2] (1) ㋐ 組み立て　㋑ 部品

㋒ 関連

(2) ②, ④

(3) ① 自動車　② 高速道路

<p.86−87>中小工場・大工場の特ちょう

[1] (1) ① 大　② 中小

(2) ① 36　② 99.1

③ 68.6　④ 48.3

(3) ㋑

(4) ① 機械化　② 大量

③ 中小　④ 大

[2] ③, ④

要点まとめ−⑮

<p.88−89>日本の自動車工場と工場の特ちょう

[1] (1) 愛知県

(2) ③

(3) 関連

[2] (1) ㋐ 組み立て　㋑ 出荷

㋒ とそう　㋓ プレス

㋔ ようせつ　㋕ 検査

(2) ㋓→㋔→㋒→㋐→㋕→㋑

(3) ロボット

(4) ㋒、㋔

(5) キャリアカー

要点まとめ−⑯

<p.90−91>日本の自動車工場と工場の特ちょう

[1] (1) ②, ③

(2) ① 300　② 6000　③ 8

(3)

中小工場	(多い)	手作業	少量	低い
大工場	少ない	機械化	(大量)	高い

[2] ① せんい（工業）, 食料品（工業）

② 軽（工業）

③ 機械（工業）, 70（%）

日本の工業と貿易

<p.94−95>工業生産と貿易の関係

🗻 (1)

	輸入品	輸出品
1934〜36年	せんい	せんい
1960年	せんい	せんい
	石油	機械類
2018年	機械類	機械類
	石油	自動車

(2) ① 軽（工業）
② 重化学（工業）

(3) ① 工業原料 ② 工業製品
③ 加工貿易 ④ 機械類
⑤ アジア ⑥ 製品
⑦ 輸入 ⑧ 安く

<p.96−97>工業生産と貿易まさつ

[1] (1) （1位）中国
（2位）アメリカ
(2) アジア
(3) ① サウジアラビア
② オーストラリア ③ 中国

[2] (1) 輸出（額）
(2) 東日本（大震災）

[3] ① 売れなく ② 制限
③ 貿易まさつ ④ 工場

要点まとめ−⑰

<p.98−99>日本の工業と貿易

[1] (1) ① 石油 ② 工業製品
③ 加工貿易
④ 電器・機械類
(2) ① 中国 ② 貿易まさつ
③ 海外 ④ 輸入

[2] (1) 中国
(2) アメリカ
(3) 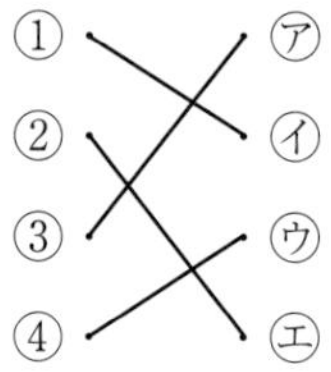

(4) ①，③

要点まとめ−⑱

<p.100−101>日本の工業と貿易

[1] (1) ㋐ 1990 ㋑ 1400
(2) 海外生産
(3) ㋐ 2018 ㋑ 2000
(4) 減った
(5) ① 輸出 ② 売れなく
③ 制限 ④ 貿易まさつ
⑤ 工場

[2] (1) ① 15.5 ② 9
(2) 60（58）
(3) 貿易まさつ
(4) 36
(5) ① 制限
② 牛肉，とうもろこし （順不同）

日本のくらしの中の情報

<p.104−105>くらしの中の情報

[1] (1) ① 雑誌 ② 新聞
③ ラジオ ④ テレビ
⑤ インターネット
(2) 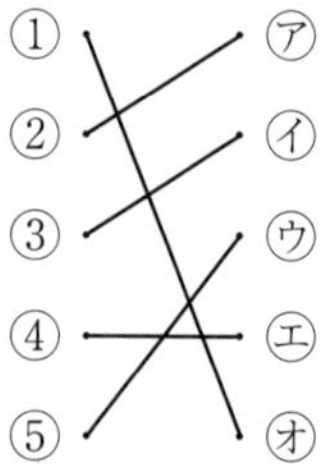

2 (1)

㋐ 取材	㋑ 編集会議	㋒ 原稿
㋓ 編集	㋔ 放送	

(2) ① ㋐   ② ㋓   ③ ㋑

(3) ① 正確   ② まちがわない

③ わかる

<p.106－107>くらしに生かされている情報

1 (1) バーコード

(2) ① 商品が売れた日時

② 個数   ③ 売れた商品

(3) ㋐ 本部   ㋑ 工場

㋒ 配送センター

2 ① 気象情報

② 緊急地震速報

③ 個人情報

④ 医りょうネットワーク

3 (1) ① ㋒   ② ㋐

③ ㋑   ④ ㋓

(2) ① 正確   ② 受け取る

③ 信じない

要点まとめ－⑲

<p.108－109>日本のくらしの中の情報

1

①	雑誌
②	新聞
③	ラジオ
④	テレビ
⑤	インターネット

2 (1) テレビ，2兆

(2) インターネット

3 (1) Ⓐ ㋑   Ⓑ ㋐   Ⓒ ㋒

Ⓓ ㋓   Ⓔ ㋔

(2) ① Ⓔ   ② Ⓐ，Ⓒ

③ Ⓑ，Ⓓ

4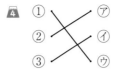

要点まとめ－⑳

<p.110－111>日本のくらしの中の情報

1 (1) ㋐ インターネット

㋑ テレビ

㋒ テレビ

(2) 新聞，ラジオ   (順不同)

(3) 新聞

2 ① ㋐   ② ㋑   ③ ㋑

④ ㋐

3 (1) 緊急地震（速報）

(2) ひなん（情報）

(3) 防災無線

(4) ラジオ

4 (1) 品物の売買でだまされた

(2) 22（％）

日本の自然災害・環境問題

<p.114－115>自然災害を防ぐ取り組み

1 (1)

㋐	火山
㋑	地震
㋒	雪害
㋓	津波
㋔	風水害
㋕	台風

(2) ㋒、㋔、㋕   (順不同)

(3) ① ㋔   ② ㋓   ③ ㋒

(4) ① ㋑   ② ㋐   ③ ㋓

[2]
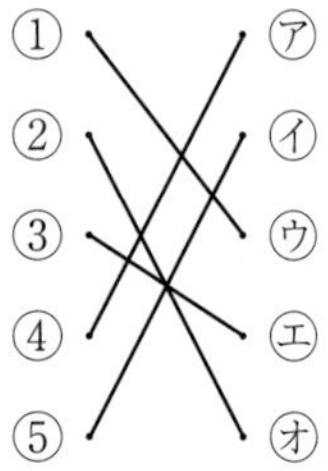

<p.116－117>森林のさまざまな働き

[1] (1) ① ささえる　② つくる
③ すみか　④ きれい
⑤ やすらぎ
(2) ① 津波，土砂くずれ　(順不同)
② そう音，しん動　(順不同)

[2] ㋐ 下草がり　㋑ えだ打ち
㋒ 間ばつ

[3] ②

[4] ① 輸入木材　② 減って

<p.118－119>主な公害と四大公害病

[1] (1)

①	水のよごれ
②	大気のよごれ
③	地ばんちん下
④	そう音
⑤	土のよごれ

(2) ④，② (順不同)

[2] (1) ① イタイイタイ病
② 四日市ぜんそく
③ 水俣病、新潟水俣病
(2) ① ㋑　② ㋐　③ ㋒
(3) 工場の生産力を高めること
(4) 環境基本法

要点まとめー㉑

<p.120－121>日本の自然災害・環境問題

[1] ① 雪害
② 津波
③ 地震
④ 火山
⑤ 風水害
⑥ 台風

[2] ① ㋐
② ㋓
③ ㋒、㋔ (順不同)
④ ㋖

[3] (1)

水俣病	Ⓓ	㋑
四日市ぜんそく	Ⓒ	㋒
イタイイタイ病	Ⓑ	㋐
新潟水俣病	Ⓐ	㋑

(2) ③
(3) 環境（基本法）

要点まとめー㉒

<p.122－123>日本の自然災害・環境問題

[1] (1) ① 35（%）　② 25（%）
(2) ① 地下水　② 川
③ こう水
(3) ① 防風林　② 防砂林
(4) ① ㋑　② ㋒　③ ㋐
(5) 世界自然遺産（条約）

[2]
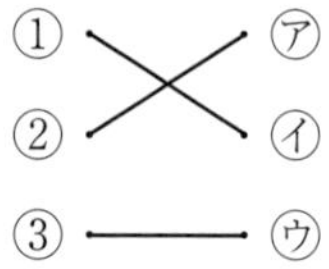

＜p.124−125＞付録・都道府県−①

（しょうりゃく）

＜p.126−127＞付録・都道府県−②

🗻 [A] 北海道　[B] 東北　[C] 関東
[D] 中部　[E] 近畿　[F] 中国
[G] 四国　[H] 九州

① 北海道
② 青森　③ 岩手
④ 宮城　⑤ 秋田
⑥ 山形　⑦ 福島
⑧ 茨城　⑨ 栃木
⑩ 群馬　⑪ 埼玉
⑫ 千葉　⑬ 東京都
⑭ 神奈川
⑮ 新潟　⑯ 富山
⑰ 石川　⑱ 福井
⑲ 山梨　⑳ 長野
㉑ 岐阜　㉒ 静岡
㉓ 愛知
㉔ 三重　㉕ 滋賀
㉖ 京都府　㉗ 大阪府
㉘ 兵庫　㉙ 奈良
㉚ 和歌山
㉛ 鳥取　㉜ 島根
㉝ 岡山　㉞ 広島
㉟ 山口
㊱ 徳島　㊲ 香川
㊳ 愛媛　㊴ 高知
㊵ 福岡　㊶ 佐賀
㊷ 長崎　㊸ 熊本
㊹ 大分　㊺ 宮崎
㊻ 鹿児島　㊼ 沖縄

＜p.128−129＞付録・今に残る昔の国の名前

昔の国名	今の都道府県名	動物の名前
蝦夷	北海道	蝦夷　しか
越前	福井県	越前　がに
近江	滋賀県	近江　牛
土佐	高知県	土佐　犬

昔の国名	今の都道府県名	食べ物の名前
陸奥	青森県	陸奥　（りんご）
信濃	長野県	信濃　そば
讃岐	香川県	讃岐　うどん
薩摩	鹿児島県	薩摩　いも

昔の国名	今の都道府県名	物の名前
伊勢	三重県	伊勢　神宮
出雲	島根県	出雲　大社
石見	島根県	石見　銀山
琉球	沖縄県	琉球　ガラス

昔の国名	今の都道府県名	文化の名前
阿波	徳島県	阿波　おどり

昔の国名	今の都道府県名	東京スカイツリーの高さ
武蔵	東京都	高さ　634　m

＜p.130−131＞付録・日本の世界遺産

Ⓐ

遺産の象ちょう	記号	都道府県名
法隆寺地域の仏教建造物（日本初登録　1993年12月）	㋘	奈良県
姫路城（日本初登録　1993年12月）	㋚	兵庫県
古都京都の文化財（京都市、宇治市、大津市）	㋗	京都府　滋賀県
原爆ドーム	㋜	広島県
琉球王国のグスク及び関連遺産群	㋞	沖縄県
石見銀山遺跡とその文化的景観	㋛	島根県
日光の社寺	㋔	栃木県
富士山−信仰の対象と芸術の源泉	㋕	静岡県　山梨県
平泉−仏国土（浄土）を表す建築・庭園及び考古学的遺産群	㋒	岩手県
白川郷・五箇山の合掌造り集落	㋖	岐阜県　富山県
百舌鳥・古市古墳群	㋙	大阪府

Ⓑ

遺産名	記号	都道府県名
屋久島（日本初登録　1993年12月）	㋝	鹿児島県
白神山地（日本初登録　1993年12月）	㋑	青森県　秋田県
知床	㋐	北海道
小笠原諸島	㋓	東京都

キソとキホン

「わかる!」がたのしい社会　小学5年生

2020年11月20日　発行

- -

著　者　馬場田　裕康

発行者　面屋　尚志

企　画　清風堂書店

発行所　フォーラム・A

　　〒530-0056　大阪市北区兎我野町15-13

　　TEL 06-6365-5606／FAX 06-6365-5607

振　替　00970-3-127184

- -

制作編集担当　田邉光喜

表紙デザイン　畑佐実